中國學術思想 研究輯刊

二二編

林慶彰 主編

第 8 冊

莊述祖《詩經》學之研究（下）

姜龍翔 著

花木蘭文化出版社

國家圖書館出版品預行編目資料

莊述祖《詩經》學之研究（下）／姜龍翔 著 — 初版 — 新北市：
花木蘭文化出版社，2015〔民 104〕
目 2+158 面；19×26 公分
（中國學術思想研究輯刊 二二編；第 8 冊）
ISBN 978-986-404-365-1（精裝）
1. 詩經 2. 研究考訂

030.8   104014677

ISBN-978-986-404-365-1

9 789864 043651

中國學術思想研究輯刊
二二編 第 八 冊   ISBN：978-986-404-365-1

莊述祖《詩經》學之研究（下）

作　　者	姜龍翔
主　　編	林慶彰
總 編 輯	杜潔祥
副總編輯	楊嘉樂
編　　輯	許郁翎
出　　版	花木蘭文化出版社
社　　長	高小娟
聯絡地址	235 新北市中和區中安街七二號十三樓
	電話：02-2923-1455／傳眞：02-2923-1452
網　　址	http://www.huamulan.tw 信箱 hml 810518@gmail.com
印　　刷	普羅文化出版廣告事業
封面設計	劉開工作室
初　　版	2015 年 9 月
全書字數	310835 字
定　　價	二二編 22 冊（精裝）新台幣 40,000 元　　版權所有·請勿翻印

莊述祖《詩經》學之研究（下）

姜龍翔　著

第肆章 《詩經》篇章大義之闡述

　　莊述祖除文字考證之作外，另著有三卷專門討論《周頌》詩歌之《毛詩周頌口義》，按照通行本《周頌》三十一首順序編排。每首詩之說明分兩部分，首先抄錄《詩序》、《毛傳》、鄭《箋》、孔穎達《正義》之說，並討論詩歌創作背景及禮制意涵，繼而討論經文中所牽涉的問題。另外，在述祖的文集作品《珍藝宦文鈔》中，第四卷爲十篇討論《詩經》的文字，所涉及之詩篇有〈凱風〉、〈碩人〉、〈氓〉、〈行露〉、〈大車〉、〈揚之水〉、〈式微〉、〈旄邱〉、〈鴟鴞〉、〈雨無正〉、〈生民〉、〈既醉〉、〈鳧鷖〉、〈玄鳥〉共十四首，範圍涵蓋《風》、《雅》、《頌》，更可看出述祖《詩經》學的整體傾向。本章分別就這兩部分探討，前三節討論《周頌口義》，第四節討論《珍藝宦文鈔》中關於《詩經》之論說。

第一節 《周頌·清廟之什》

一、〈清廟〉──文王之德之思想意義

　　〈清廟〉爲《周頌》首篇樂歌，在周代禮樂文化中的角色相當重要，〈清廟〉所表達之內涵，甚至可概括《周頌》全部詩篇，起著提綱挈領的地位。《詩序》云：「〈清廟〉，祀文王也。周公既成洛邑，朝諸侯，率以祀文王焉。」《序》說重點有二，一是說明詩歌的用途在於作爲祭祀文王之樂歌，《禮記·文王世子》言：「登歌〈清廟〉，既歌而語，以成之也。」《禮記·明堂位》言：「升歌〈清廟〉，下管〈象〉。」從諸記載可見〈清廟〉一詩在祭祀樂歌中的重要

地位。《序》說的第二個重點說明詩歌進行的時間，乃周公營建洛邑完畢，率諸侯祭祀文王。從《詩序》字面上的解釋來看，〈清廟〉是周公率諸侯群臣祭祀文王之樂歌。《詩序》的解說看來精簡，但其實存在許多爭議。而述祖正是針對上述兩項解釋切入討論，試分析如下：

1. 〈清廟〉何以為《頌》首之討論

《詩序》以〈清廟〉為祭祀文王之詩，後儒多無異議。《漢書・劉向傳》云：「文王既沒，周公思慕歌詠文王之德，其詩曰：於穆清廟，肅雝顯相。」鄭玄云：「天德清明，文王象焉，故祭之而歌此詩。」以《易》「聖人與天地合其德」讚美文王。新近出土之上博簡《孔子詩論》有「〈清廟〉，王德也」之文，雖有學者認為王德未明確指何王，則〈清廟〉亦非專頌某一王之德〔註1〕，但從其他出土文物及戰國兩漢流傳下來的典籍來看，仍未有足夠證據可推翻本詩表彰文王之德的觀點。再者，本詩雖未明確提及文王，但次於〈清廟〉的〈維天之命〉便清楚寫出「文王之德之純」、「駿惠我文王」的語句，而〈清廟〉、〈維天之命〉兩詩，一般認為是同一組樂曲。因此，在沒有其他證據證明之前，當依舊說以〈清廟〉為祭祀文王之詩為是。而另一方面，〈清廟〉位於《頌》首，位置特殊，當有重要原因，舊說亦以文王聖德當之。而述祖便是循著這先入為主的觀念，認為：

> 明乎〈清廟〉之詩，然後知文王之為人君、為人父，武王、周公之為人子、為人臣，其繼志述事之大者備於是詩。……然則祭宗廟之盛，歌文王之德，莫重於〈清廟〉，故為《周頌》之首。〔註2〕

《周頌》為何以〈清廟〉為首？這是《詩經》學的一個爭議問題。孔穎達曰：「祭宗廟之盛，歌文王之德，莫重於〈清廟〉，故為《周頌》之首。」這是從政治教化角度立論。蘇轍云：「然其篇第之先後，則不可究矣。考之以其時則不倫，求之以其事則不類，意者亦以其聲相從乎？〈清廟〉之什，禮之大者也；〈臣工〉之什，禮之次者也；〈閔予小子〉之什，禮之小者也。然時有參差不齊者，意者亦以其聲相從也，終不可得而推矣！」〔註3〕蘇轍不同於經學家，從音律的角度探討，但也只得到「不可得而推」的結論。不過，

〔註1〕 參黃懷信撰：《上海博物館藏戰國楚竹書詩論解義・第十二章句解》（北京：社會科學文獻出版社，2004年），頁262～263。
〔註2〕 《周頌口義》，卷一，頁3。
〔註3〕 《詩集傳》，卷十九，頁1。

在述祖的認知中，文王是至德的代表，而周公、成王亦以維護文王之統爲目的。於是，表現文王之德，理所當然的成爲他執著的論點。他認爲〈清廟〉之詩在於立人道之極，而人道之極的表現在於孝。周公在功業成就之時，祭祀文王，乃是欲明父子君臣長幼之道，以嘉文王之德。述祖說：

> 蓋人之道惟孝爲至極，明父子君臣長幼之道，以嘉文王之德，不獨周公不敢居其功，并不敢謂成武王之德，所爲推孝之道，以至於其極也。〔註4〕

周公不敢居其功，亦不敢謂成武王之德，主在嘉文王之德，如此便是推孝道之極，而〈清廟〉正是由於讚揚文王極致的道德，故列居《周頌》首位。由此而下，述祖接著批評孔穎達。《毛詩正義》雖亦認同〈清廟〉以祭祀文王爲主，但以成就功業者乃是周公、成王。《毛詩正義‧周頌譜》云：「此頌聲由其時之君德洽於民而作，則頌聲興於所興之君，不係於所歌之王。……文武雖有盛德，時未太平，不可爲頌。成王致太平，乃有頌。」這種說法對述祖而言是無法接受，批評這是不知父子君臣之道，不足以與之論〈清廟〉之詩，言辭可說相當嚴厲。

2. 塑造周公純臣之形象

關於《詩序》的第二點爭議，《正義》云：「周公攝王之政，營邑於洛，既已成此洛邑，於是大朝諸侯。既受其朝，又率之而至於清廟。以祀文王焉。」孔說乃是配合《禮記‧明堂位》而發，〈明堂位〉云：「周公踐天子之位，以治天下，六年，朝諸侯於明堂。」按照《正義》的結論，諸侯大朝的對象是周公，率諸侯祭祀文王的主角也是周公，成王何在？並未提到。《正義》的重點爲周公乃攝政之王，踐天子之位，故使二伯各率諸侯，從周公祀文王。《正義》的觀點牽涉到一項難解的紛爭，那就是周公究竟是否踐位稱王？述祖繼承存與的觀點，以爲〈清廟〉乃表揚孝道之極、贊頌文王之德，不承認周公會做出這種僭越的行爲：

> 《序》言周公率諸侯以祀文王，周公所率者，東方諸侯。西方諸侯，召公率之。不言者，詩以周公爲主，從所略也。……而《正義》乃謂周公使二伯率之，以從周公祀文王。……又引〈明堂位〉曰：「周公踐天子之位，以治天下。」此皆不知父子君臣之道者也，何足以

語〈清廟〉之詩。〔註5〕

述祖認爲，周公並非命二伯率諸侯，而是他本人即爲二伯之一。這種說法最早見於宋代呂祖謙《呂氏家塾讀詩記》云：「朝諸侯者，特相成王以朝諸侯而已，周公非自居南面而受諸侯之朝，率以祀文王者。」〔註6〕這也是《詩傳大全》及《欽定詩經傳說彙纂》一脈相承的官方論點。由此顯示出傳統儒者的心理特質在於崇古，古代聖人的道德是完備無瑕的，不可能刻意作出違背禮法的情事，在這種心理作用下，述祖認定文王、周公皆是至德要道的代表。然〈明堂位〉關於周公踐位之說言之鑿鑿，儒者亦多受其影響，爲了反駁〈明堂位〉及《正義》之說，述祖將目光投注於更可靠的史料，從《尚書》中尋找佐證：

> 竊嘗紬繹〈洛誥〉之文，周公使來告卜，成王敬答誨言，周公遂告王以往新邑，宗祀文王，朝諸侯之事。成王猶是不敢及天基命定命之心，一則曰公功，再三則曰公功，又終之以公無困我，此當日君臣之咸有一德者，可以告天下萬世者也。……成王遂往新邑，宗祀文王，以告成功，以命周公。後王賓秉裎引考承敘，胥於是時，而謂周公自率諸侯，以祀文王。於君臣父子之道，何以成之乎？〔註7〕

在述祖的學術研究領域中，《尚書》是重要一環，他並曾校過《逸周書》，研究〈夏小正〉，對古史的發展瞭然於心。因此，在解說《詩經》時，特別注意從《尚書》、《逸周書》等古史文件中找尋線索，引爲證明，尤其是《周頌》本身即蘊藏相當豐富的周初古史資料，更容易與之配合，故述祖會特別選擇《周頌》作爲闡釋的對象，應和本身的研究方向有著相當關係。故此憑藉著〈洛誥〉之文，述祖將〈清廟〉解釋爲成王、周公兩人上下一心，彼此尊重的表現。關連到詩辭之中，「顯相」的角色便由鄭玄寬泛的「諸侯有光明著見之德者」，直接轉變爲周公本人，於是成王主祭，周公贊禮，諸侯助祀的盛大場面便是這場祭祀所進行的方式，也只有這種方式，才可以表現當初武王托孤於周公，周公誕保文武受命之至誠至德。也只有這種解釋，才能符合述祖心目中，文王至德，周公純臣的美好形象。

〔註5〕同上註，頁3～4。
〔註6〕〔宋〕呂祖謙撰：《呂氏家塾讀詩記》（臺北：新文豐出版公司，1984年），下冊，頁653。
〔註7〕《周頌口義》，卷一，頁7。

述祖對〈清廟〉的評論，重點集中在展示詩歌中所蘊含至極道德的內涵。文王、武王、周公、成王在述祖的認知中，皆是至德的代表，彼此以至誠之心對待，表現出一種人道之極的傳承，這是以《詩傳大全》為主的觀點延續。述祖內心的古史，是一段理想化的歷史，他由自己早已確定的理解，詮釋古史資料，提出〈清廟〉為明王以孝治天下，《周頌》為立人道之至極的說法，將詩歌的微言大義發揮得淋漓盡致。但他亦明白論據的重要，空口無憑，故而採取以經、史解《詩》的方法，以《尚書》、《逸周書》等記載為佐證，輔以《孝經》、《中庸》等典籍發揮義理，確定主要批評對象為《毛詩正義》，因《毛詩正義》祖尚鄭《箋》，因此《箋》說亦為攻擊對象，由此構成他闡述《周頌》詩義的詮釋方法。儘管述祖所闡釋的結果或許有過度發揮之弊，但每一種理解都是一種詮釋，每一種詮釋都有其獨特性，由於時代的隔閡，我們可以一眼便看出其論證的不合理處，畢竟時代的典範不同，今人古人前理解的意涵也不同，以今人的眼光衡量古人，未必能得到最適當的解釋，因此，吾人在閱讀述祖《詩經》著作之時，除指出其闡釋爭議之所在，但亦需深入述祖的內心世界，理解述祖所採取的詮釋觀點，但不需過度批判其詮釋的缺陷所在。

二、〈維天之命〉——聖王之理想

1. 論頌聲之興，乃繫於文王

述祖評論〈維天之命〉一詩，乃延續〈清廟〉文王之德的論點。其云：

〈維天之命〉言文王之德，明象舞之所以作也。詩之言文王之德者，未有深切著明如此者也。《序》言太平告文王，是周公自以其致太平，告成功於神明，而謂嘉文王之德者，非文王之德待武王、周公而後成，而武王周公之所繼志述事者，皆文王之德也。〔註8〕

述祖反復申論，以本詩為表彰文王之聖德，與〈清廟〉所論相同。述祖認為《序》所謂「太平告文王」者，雖是在武王、周公時天下方太平底定，以此功績祭告文王。但成就此大功者，其來源仍是在於文王之德，天命因文王聖德乃睠西顧，武王、周公方能藉延續文王功德而成就大業，是則武王、周公之繼志述事者，皆為文王之德。非子孫既致太平，讓善祖宗，方始讚頌文王，

〔註8〕同上註，頁11。

由此，述祖批評《正義》以祖父未太平而子孫太平，頌聲之興，繫於子孫的說法。其云：

> 告太平必於文王者，明頌聲之興係於文王也。豈係於成王、周公乎？

> 故〈三象〉之義明，而《周頌》三十一篇皆可推而知矣。〔註9〕

如上所說，述祖根據《詩序》「太平告文王也」，認定本詩乃同〈清廟〉一樣，意在表達文王至高德性。而周朝的建立，因文王道德之盛所致，後世子孫乃是受其德蔭，此乃〈清廟〉、〈維天之命〉的詩旨所在，更是《周頌》三十一篇所欲表達的思想內涵。

2. 〈武宿夜〉之探討

述祖另外討論了〈武宿夜〉的樂曲問題。《禮記・祭統》曰：「舞莫重於〈舞宿夜〉。」鄭玄注云：「〈武宿夜〉，舞曲名也。」《禮記正義》云：「皇氏云：師說書傳云：武王伐紂，至於商郊，停止宿夜，士卒皆歡樂歌舞以待旦，因名焉。熊氏以為即〈大武〉之樂也。」大戰在即，猶歌舞歡樂，說實牽強。故述祖引《國語・周語》：「王以二月癸亥夜陳，未畢而雨。」認為伐紂前一夜既然下雨，何來歌舞待旦之事。以為「宿夜」作夜以至旦的解釋，乃是望文生義。述祖云：

> 古文夙作佰，宿夜即夙夜。〈無逸〉言：「文王徽柔懿恭，懷保小民，惠鮮鰥寡。自朝至于日中是，不皇暇食。」《周語》曰：「夙夜恭也」〈三象〉嘉文王之德，故即本其夙夜敬事之心，名之武宿夜者，即象武也。《中庸》記曰：「《詩》曰：『維天之命，於穆不已』，蓋曰天之所以為天也。『於乎不顯，文王之德之純』，蓋曰文王之所以為文也。純一不已。大哉聖人之道，洋洋乎發育萬物，峻極于天。」

> 〔註10〕

述祖據《國語》夜雨之說否定歌舞待旦，說頗合理。而據宿夜為夙夜恭敬，斷「武宿夜」為〈象武〉之詩，與王國維之說有不謀而合之處。《禮記・樂記》云：「且夫〈武〉，始而北出，再成而滅商，三成而南，四成而南國是疆，五成而分周公左、召公右，六成復綴，以崇天子。」王國維《周大舞樂章考》以為〈武〉舞曲凡六闋。而宿夜即夙夜，因詩有夙夜名，故名曲曰〈武

〔註 9〕同上註，頁 12。
〔註10〕同上註，頁 12～13。

－220－

宿夜〉。述祖又據《中庸》稱讚〈維天之命〉的言論,認定〈清廟〉、〈維天之命〉、〈維清〉等〈三象〉之樂皆是盛德形容〔註11〕,甚至與天同運,能夠使陰陽和,寒暑時,非天下至誠,是無法達到這種境地。然而述祖的論證是相當薄弱的,況且在邏輯上也有矛盾之處。述祖的推論方式是由古文字形推斷宿夜是夙夜恭敬,在這項前提之下,述祖以爲〈三象〉之詩乃嘉文王之德,而〈武宿夜〉乃本其夙夜恭敬之心敬事文王,故即〈象武〉之詩。很明顯,前提是有問題的,因此推論和結論,自然令人無法信服。述祖過度闡發義理的學術特質,與乾嘉考據重實證的學風迥異,倒是成爲啓發《公羊》今文學派的重要人物,也難怪後世學者將他與莊存與隱奉爲今文學派的開山祖師。

3. 論曾孫即指成王

〈維天之命〉末句「曾孫篤之」,曾孫爲誰?《毛傳》直指成王,鄭《箋》則云:「自孫之子而下,事先祖皆稱曾孫」,鄭玄蓋以爲對文王而言,成王不該稱曾孫,則曾孫應指後王。朱熹亦依鄭《箋》,故以朱學爲官學系統的《詩傳大全》、《欽定詩經傳說彙纂》皆以曾孫指後王。然而〈信南山〉「曾孫田之」,鄭《箋》卻以成王釋之,不同於〈維天之命〉,說法似有矛盾,大概〈信南山〉並非直承文王而言,故成王於彼處可稱曾孫。然而《正義》卻以曾孫之號乃直據文王、武王而言,其云:「成王而謂之曾孫者,以古者祖有德而宗有功,因爲之號。文武爲受命伐紂,定天下之基,以爲祖宗。〈祭法〉云『祖文王而宗武王』是也。成王繼文武之後爲太平之主,時異其號,故《詩經》通稱成王爲曾孫也。不繼於文王,不直言孫者,蓋周雖文王受命,而太王亦有王跡所起,見其王業之遠,故繼而稱曾孫。」孔穎達以文王、武王具有滅商開國之功勳,後世以之爲祖宗,故成王對文武亦可稱曾孫,且太王之時即有王跡興起,相對於太王,成王亦可繼太王而稱曾孫,由此遂提出《詩經》中的曾孫皆指成王而言。述祖贊同《頌》詩中的「曾孫」皆爲成王,但不認同曾孫是繼太王而稱的說法。他舉〈金縢〉周公告太王、王季、文王時,稱武王爲元孫,並不以對太王而稱曾孫爲證,則《正義》之說確有可議之處。

述祖既否定因太王而稱曾孫,於是便據《禮記·曲禮》「踐阼臨祭祀,內事曰孝王某,外事曰嗣王某。」展開議論。內事是宗親之事,外事乃郊社之

〔註11〕此處之〈三象〉乃指〈清廟〉、〈維天之命〉及〈維清〉三詩,與周公所作《三象》不同,說見（三）論〈維清〉。

事也。鄭注云:「唯宗廟稱孝,天地社稷祭之郊內而曰嗣王,不敢同外內。」
《正義》云:「謂不敢同外內者,若宗廟之祭從內事之例而辭稱孝。若凡山川
並岳瀆之神,從祭之在外之例而辭稱嗣,是在內從內辭,在外從外辭。今天
地社稷既尊,不敢同外內之例,而用外辭,是不敢同內外之常例也。」鄭玄、
孔穎達之意乃以為天地社稷之祭,性質尊貴於宗廟、郊社之祭,於是不同外
事、內事稱呼之通例。接著述祖又再舉〈曲禮〉言諸侯之禮云:「臨祭祀,內
事曰孝子某、侯某,外事曰曾孫某、侯某。」〈郊特性〉云:「祭稱孝孫、孝
子,以其義稱也。稱曾孫某,為國家也。」是諸侯於外事祭祀時可稱曾孫。
但畢竟天子諸侯之禮不同,天子祭祀是否亦可稱曾孫,這是關鍵。但禮書無
明言論及,於是述祖不得已轉向子書中求證,《墨子‧兼愛中》云:「武王將
事泰山隧,《傳》曰:泰山有道,曾孫周王有事。」據此,天子祭祀可直稱曾
孫,則鄭玄所謂「自孫之子以下」的說法便有問題。回到本詩,述祖以為〈維
天之命〉乃太平告文王之事。祭告文王應屬內事,於例應稱孝王、孝孫。但
告文王乃宗祀文王於明堂以配上帝,尊貴性質如同天地社稷之祭,故不從內
外之例。

> 此太平告文王而成王得稱曾孫者,告太平必告明堂,故不敢同外內
> 之常例,而稱曾孫。〔註12〕

述祖之所以反復申明曾孫乃指成王者,其最終乃欲證以成王之惠篤敘者,乃
本於文王之德也。他說:

> 夫緣人情而制禮,依人性而作儀,文王得之以德性,曾孫繼之以問
> 學,致廣大、極高明,此聖德之悠久,與天地無疆者也。盡精微、
> 道中庸,此問學之溫故知新,亦與聖德同其悠久者也。厚益加厚,
> 崇益加崇,是之謂天命之不已,是之謂聖人之德亦不已,是之謂君
> 子之問學亦不已也。〔註13〕

　　總而言之,述祖的申論觀點依舊圍繞在詩歌所欲表達的文王之德的聖王
思想。

三、〈維清〉——〈象舞〉之名義

　　述祖論〈維清〉詩有兩處重點,一則針對《序》云:「奏〈象舞〉也。」

〔註12〕《周頌口義》,卷一,頁18。
〔註13〕同上註,頁19。

討論〈象舞〉之名義，一則延續前二篇觀點，繼續以本詩爲讚揚文王盛德而作。而所論皆以反駁鄭《箋》及《正義》而立說。

1. 〈象舞〉名義之界定

周初樂曲有名爲〈象〉、〈大武〉、〈象武〉、〈象舞〉者，這些樂曲所指究竟爲何，自古以來爭論不斷。《禮記・文王世子》鄭玄注云：「〈象〉，周武王伐紂之樂也。以管播其聲，又爲之舞。」而本詩鄭《箋》亦云：「〈象舞〉，象用兵時刺伐之舞，武王制焉。」是鄭玄以〈象〉即〈象舞〉，乃象武王伐紂之樂。孔穎達本鄭說而發揮云：「〈維清〉詩者，奏象舞之歌樂也。謂文王時有擊刺之法，武王作樂，象而爲舞，號其樂曰〈象舞〉。……〈象舞〉之樂，象文王之事。其〈大武〉之樂，象武王之事，二者俱是爲〈象〉。但序者於此云：奏〈象舞〉。於〈武〉之篇不可復言奏〈象〉，故指其樂名言奏〈大武〉耳。其實〈大武〉之樂亦爲〈象〉也。」《正義》根據《序》文及鄭《箋》，以爲本詩乃象文王擊刺之法而作之樂歌，故號爲〈象舞〉，亦可簡稱〈象〉。此〈象舞〉乃武王所作。周公時又象武王伐紂之大功而作〈大武〉，其名亦爲〈象〉。是〈象〉有兩篇，一爲〈維清〉之象舞，一爲〈大武〉之象舞，分別象文王及武王之功，而兩者皆可稱爲〈象〉。述祖則反對這樣的說法，他依據《詩序》而論：

> 〈維清〉，奏〈象舞〉也。〈武〉，奏〈大武〉也。則〈象舞〉非〈大武〉，文自明矣。《正義》承鄭注《禮記》之誤，曲爲之說，而毛義轉晦。〔註14〕

述祖認爲，〈象〉即〈象舞〉，〈象〉與〈武〉是有分別的，否定孔穎達〈大武〉亦〈象〉的說法。述祖之論點主要乃根據《呂氏春秋・古樂篇》的記載，以爲〈大武〉爲武王伐紂成功後，命周公所作，而〈象〉爲成王時代東夷成功而作。他說：

> 是武王勝殷誅紂而作〈大武〉，成王黜殷命，殺武庚，滅淮夷，而作〈象〉。故《白虎通》云：「武王曰〈象〉，周公曰〈酌〉，合曰〈大武〉」，最爲近之。……〈大武〉六終，〈三象〉三終，宗廟用之，統謂之〈大武〉，亦謂之〈象武〉。〔註15〕

〔註14〕同上註，頁 21。
〔註15〕同上註，頁 22。

述祖以〈象〉即〈三象〉，〈象武〉則爲合〈大武〉六終與〈三象〉三終而成之樂曲，可統謂之〈大武〉，但謂〈象〉即〈大武〉則不可，這與孔疏分〈象〉爲〈維清〉與〈大武〉是有差別的。〈三象〉雖爲成王伐東夷後命周公所作，但並非歌頌伐東夷之成功，而是本於歌頌文王之德而作。述祖是以〈武〉作於武王時，〈象〉作於成王時，作者皆爲周公，〈武〉、〈象〉共九成，合之曰〈大武〉或〈象武〉，象徵三聖相繼，故盡善又盡美矣。〈三象〉爲〈清廟〉之三，述祖以爲可單稱〈象〉，蓋以三詩爲一組曲也。

關於〈象〉、〈武〉的爭議，同時代學者亦有不同意見。陳奐《詩毛氏傳疏》云：「〈象〉，文王樂，象文王之武功曰〈象〉。象武王之武功曰〈武〉。〈象〉有舞，故云〈象舞〉。《箋》云：『〈象舞〉，象用兵時刺伐之舞，武王制焉。』胡承珙《後箋》云：『鄭謂武王所制者，武王之作〈象舞〉，其時似但有舞耳。考古人制樂，聲容固宜兼備，然亦有徒歌徒舞者，三百篇皆可歌，不必皆有舞，則武王制〈象舞〉時，殆未必有詩。成王、周公乃作〈維清〉，以爲〈象舞〉之節，歌以奏之。』案：胡說詩周公作，是矣。《襄二十九年・左傳》吳公子札觀周樂，見舞〈象箾〉、〈南籥〉者。賈、服、杜注並以〈象〉爲文王之樂。此象謂舞，不謂詩也。《禮記・文王世子》、〈明堂位〉、〈祭統〉、〈仲尼燕居〉皆言下管〈象〉，猶之下管〈新宮〉耳。此象謂詩，不謂舞也。制〈象舞〉在武王時，周公乃作〈維清〉，以節下管之樂，故〈維清〉亦名〈象〉。」〔註16〕陳奐以〈象〉初作之時只爲舞，並無詩。後來周公作〈維清〉以節樂，故〈維清〉亦名〈象〉。馬瑞辰則云：「按：《襄二十九年・左傳》：『見舞〈象箾〉、〈南籥〉者。』賈逵注：『象，文王之樂，武，象也。』杜注：『箾，舞者所執。』據《說文》『箾，以竿擊人也。』是箾即干。《公羊傳》：萬舞者，干舞也。古者文舞執籥，武舞執干。《左傳》：〈南籥〉爲文舞，則〈象箾〉爲武舞，即此詩〈象舞〉也。舞、武古通用。〈象舞〉，蔡邕《獨斷》作〈象武〉，蓋以象文王之武功也。作舞者，通借字耳。是以知〈仲尼燕居〉篇『下管象武』，即〈象舞〉也。〈象舞〉亦單稱〈象〉。〈文王世子〉、〈明堂位〉、皆云下管象，以〈象〉與〈大武〉對言，則〈象〉非〈大武〉可知。」〔註17〕馬瑞辰則以〈象舞〉即〈象武〉，亦可單稱〈象〉，乃象文王之武功。〈象〉與〈大武〉不同，駁鄭玄、孔穎達合〈象〉與〈大武〉爲一之誤，此論與述祖同。

〔註16〕《續經解毛詩類彙編・詩毛氏傳疏》，冊一，頁916。
〔註17〕《續經解毛詩類彙編・毛詩傳箋通釋》，冊二，頁1570～1571。

然述祖以〈三象〉即〈象〉，此乃據《呂覽》以成王命周公伐南人成功而作。高誘亦云：「〈三象〉，周公所作樂名。」《漢書・司馬相如傳》：「〈韶〉、〈濩〉、〈武〉、〈象〉之樂。」張揖注云：「〈象〉，周公樂也。南人服象，爲虐於夷。成王命周公以兵追之，至於海南，乃爲〈三象〉樂也。」王先謙以爲此乃〈象樂〉別解〔註18〕，有理。周公所作〈三象〉應爲別組樂曲，和〈維清〉奏〈象舞〉不同。

2. 論太平而作〈三象〉

　　述祖既以〈象舞〉爲〈三象〉之詩，而詩旨之表達並非鄭玄所云之象刺伐之法，其主旨亦在於表彰文王之德。他說：

> 〈象舞〉者，所謂嘉文王之德，非象用兵時刺伐也。《箋》謂象用兵時刺伐之舞，武王制焉。與《禮記注》皆誤以〈象〉爲〈武〉。《正義》謂〈象舞〉，象文王之伐，明知〈象〉非〈武〉矣。而猶必曲爲鄭義引申，其誤益甚於鄭。〈維清〉經與傳皆無刺伐之文，《箋》誤以〈象〉爲〈武〉，遂附會〈牧誓〉文言之。又以文王之典，爲文王有征伐之法。又以維周之祺爲征伐之法，乃周家得天下之吉祥，皆違《傳》義。〔註19〕

述祖最後又回歸其初衷，以文王之聖德作爲詩歌創作意圖，並且以文王乃聖王代表，豈會傳刺伐之法以爲文王之典，指斥鄭玄與孔穎達之謬誤。

　　述祖以〈象〉詩乃成王太平時所作。所謂〈維清〉，即指始成功，致太平。武王伐紂克殷作〈武〉，成王伐淮夷作〈象〉，〈武〉未盡善，而〈象〉則如天之無不幬，如地之無不載，從此之後，天下太平，故〈象〉乃嘉文王之功德也。述祖之所以如此認爲，乃是據經文發揮，採訓詁的方法闡述義理：

> 《呂氏春秋・序意》曰：「古之清世是法天地。」高誘注云：「清，平也。」緝所以法天之明，熙所以法地之廣。《釋詁》曰：「緝，光也。」《國語》曰：「緝，明也。熙，廣也。」《說文》云：「巸，廣臣也。從臣，從巳聲。」故熙訓廣，光、廣古通借，故緝熙爲光明，光明亦廣明也。〔註20〕

清是太平，緝熙爲光明，正是天下太平之意。而迄用有成者，謂文王之功始

〔註18〕《詩三家義集疏》，下冊，頁1003。

〔註19〕《周頌口義》，卷一，頁23。

〔註20〕同上註，頁24～25。

成也。因此〈三象〉之詩乃是周成王時代，天下太平，周公所作之詩。只是仍照前面所論，依舊以詩歌所稱頌者皆是文王之德也。

四、〈烈文〉──論明堂政教合一

〈烈文・序〉云：「成王即政，諸侯助祭也。」鄭《箋》云：「新王即政，必以朝享之禮祭於祖考，告嗣位也。」以為諸侯助祭者乃行朝享之禮也。《正義》又云：「〈烈文〉詩者，成王即政，諸侯助祭之樂歌也。謂周公居攝七年，致政成王，成王乃以明年歲首，即此為君之政。於是用朝享之禮，祭於祖者，有諸侯助王之祭，既祭因而戒之。詩人述其戒辭而為此歌焉。」孔穎達根據「即政」二字，以為本詩乃周公居攝七年之後，致政成王。成王於隔年歲首即政，用「朝享」之禮祭祖，諸侯助祭，詩人詠之而作。述祖於〈清廟〉詩中曾大力駁斥周公踐位之說，致力塑造周公純臣形象，故此處對《正義》所論，不免又有一番批評。

1. 論即政乃成王告太平，就明堂之政

孔穎達據《詩序》言即政，以為乃周公致政成王，成王即王位。然述祖不認同周公踐位，遂對「即政」提出新的見解：

> 〈烈文〉之詩，周公誕保文武受命，致太平。洛邑明堂成，作是詩以申明堂之政，進戒嗣王也。〔註21〕

述祖否定鄭《箋》及《正義》成王即王位的說法。他以為〈烈文〉乃是周公以輔臣身份向成王進戒之詩。然《詩序》明云：「成王即政」，與進戒嗣王之說矛盾，於是述祖又舉〈洛誥〉之文：「予齊百工，伻從王于周。予惟曰，庶有事。今王即命。」何謂「今王即命」？《孔傳》云：「今王就行王命於洛邑曰」，蔡沈云：「且命我曰」，屈萬里先生譯為：「現在王到這裡來命令我們說」，皆無甚深義，但為行文論說之口氣。然而述祖卻云：

> 今王即命，言天申命成王，成王當往新邑就受之也。「王曰：公，予小子，其退即辟。」辟謂明堂之法，即所謂明辟、新辟也。《方言》云：「退，緩也。」成王言欲少緩就新邑明堂，避不敢當太平之成功也。然則《序》言即政，〈洛誥〉言即命、即辟，一也。〔註22〕

「即命」即「即政」，乃於明堂受天命即政，說實無理。考〈洛誥〉全文云：

〔註21〕同上註，頁26。
〔註22〕同上註，頁27。

「予齊百工，伻從王于周；予惟曰，庶有事。今王即命曰：『記功，宗，以功作元祀。』惟命曰：『汝受命篤弼；丕視功載，乃汝其悉自教工。』」即命曰當為「就命令曰」，否則後句惟命曰又將作何解，是述祖所引甚不類也。而述祖以辟為明堂之法，亦無確據。於此亦可見出，述祖基本上是採維護《毛詩》的立場，他敢於駁鄭玄、孔穎達，但對於《毛詩》卻幾無批評，然而本詩《詩序》說法明顯與述祖的認知有差別，但他並不直接採取批評方式，刻意扭曲，強以己意改毛意，這與後來《公羊》派重視今文學的立場頗有差異。

述祖既以即政為就明堂之政，則又批評鄭《箋》「朝享」之說。明堂之法乃封建之法，謂天子負斧扆，南面而聽天下，諸侯廢置，皆出天子。而今新邑明堂落成，成王當就明堂即明堂之政，告太平，並非己新即位而告廟，故不行「朝享」之禮，此乃述祖之認知。他說：

> 《序》意以成王告太平於明堂謂之即政，非謂成王以己新即政而告廟也。政者，明堂之政也。馬、鄭說經承王莽、劉歆毀壞師法之後，其說周公相成王之事，多失其實。《毛詩》最為近古，又為王肅等所附會，此不可不辯也。〔註23〕

述祖又以馬融、鄭玄之說乃承毀壞後之師法，所說失實，然考漢代較正統師法之說，亦未見以成王即位論說，如蔡邕《獨斷》云：「〈烈文〉一章十三句，成王即政，諸侯助祭之所歌也。」《魯》說與《詩序》同，而《白虎通義·瑞贄篇》則云：「王者始立，諸侯皆見，何？當受法稟正教。《頌》曰：『烈文辟公，錫茲祉福』。言武王伐紂，定天下，諸侯來會聚於京師，受法度也。」此亦為《魯詩》之說，王者始立，諸侯皆需朝見，又引〈烈文〉詩句說明，蓋以〈烈文〉詩乃頌王者即位之詩。《正義》引服虔注《左傳》之文曰：「〈烈文〉，成王初即洛邑，諸侯助祭之樂歌是也。」服注當為《韓詩》，僅言初即洛邑，則似可與莊說呼應。然《正義》引服注乃申明成王新即位，則《韓詩》或亦以〈烈文〉為頌成王即位之詩。《齊》說未見。今存三家詩說雖僅吉光片羽，但亦無法驗證述祖即明堂之政所論是否正確，故在新證據出現之前，明堂聽政之說仍有待檢驗。

2. 再申明堂封建之法

述祖既以〈烈文〉詩旨為讚頌成王就明堂即政，行明堂封建之法。於是

〔註23〕同上註。

再就詩歌內容進行分析，加以論證。首先，他以詩先歸美於卿士諸侯，二王之後，祉福賜之，子孫安之，乃由於推本於文王武王以純德受命定天下，故無一言及於成王即政之事：

> 《傳》不訓辟公，但言光明文王之德，以錫祉福，而子孫安此無疆之大順，則辟公固謂明堂之法之事矣。〔註24〕

以辟公即諸侯，封建諸侯乃明堂大事，故辟公即言明堂之政，此其第一點論證。接著，述祖論「無封靡于爾邦，惟王其崇之；念茲戎公，繼序其皇之」，並舉〈洛誥〉「女其敬識百辟享，亦識其有不享。」〈梓材〉「王辟監，厥亂為民。」分封天下，廣置諸侯，目的乃在於教化民眾，故云明堂之法，以封建賜福於下民。故諸侯不必積聚靡蠹於爾邦，以自侈大，因廢置皆出自天子，天子亦需識其有享與不享，而有大功於民者，則可加地進爵，最後才能如〈文王〉之詩所言「文王孫子，本支百世，凡周之世，丕顯奕世」，此為其第二點論據。而述祖最後又把明堂封建之基礎，歸因於文王之德：

> 惟文王之德，顯於天矣。不賞而民勸，不怒而民威矣。自昔文勤武教，皆立辟雍，以至周公，旁作穆穆，迓衡不迷，然後厚行典禮，徵之殷獻民，以作此四方新辟，而百辟莫不取法焉。……此武王之大訓也，此天子之所自學也。夙夜焂祀，基命定命，胥於此矣。故曰：〈烈文〉之詩，明堂之政也。〔註25〕

述祖蓋以惟有盛德之王，方能行明堂之政。而成王蒙文王、武王之餘蔭，方得以行此明堂之政。此又承上述詩歌，繼續盛讚文王之德。

五、〈天作〉——論祫祭

《詩序》云：「〈天作〉，祀先王先公也。」周之追王，自大王以下皆稱王，故稱先王。而先公者，鄭《箋》以為自諸盩至不窋，孔穎達則以〈天作〉為時祭，時祭者，祠礿烝嘗也，並云：「於成王之世為時祭，當自大王以下，上及后稷一人而已。言先公者唯斥后稷耳。」則后稷亦應在先公之列，但本詩之先公唯獨后稷一人而已。然而述祖又持反對意見，以為祀先王先公應為祫祭：

> 《序》既言祀先王先公，明先公非獨后稷。況后稷為配天之祖，《序》

〔註24〕同上註，頁29。
〔註25〕同上註，頁30。

必不略之，而稱先公且在先王之下，則祀先王先公，其為祫祭又明

矣。〈天作〉之詩與〈烈文〉相次，知是一時之事。〈洛誥〉曰：「戊

辰，王在新邑烝。」謂祫祭於新邑之大廟也。先王先公皆升，合食

於后稷之廟。但毀廟、未毀廟之主皆在豐，未必祝迎群廟之主耳，

故曰祀先王先公，而不言祫祭也。〔註26〕

述祖以《序》既言先王先公，自是祫祭無疑。又舉〈洛誥〉之文，以其時乃
祭於洛邑明堂之大廟。而明堂大廟新立，先王先公之神位仍在豐，未遷於此，
故但言先王先公，不言祫祭。至於與〈烈文〉為一時之事者，述祖前文以〈烈
文〉為成王明堂即政，申明堂之法，而本詩為祫祭先王先公，故據〈洛誥〉「王
在新邑烝」，以為此皆成王因新邑落成而舉行之大典，他說：

以往歲之十二月戊辰，烝祭后稷廟，而祀先王先公。以來歲之日至，

宗祀文王於明堂，以配上帝，而武王亦配焉。故〈烈文〉、〈天作〉、

〈我將〉、〈載見〉皆一時之事也。〔註27〕

〈烈文〉申明堂之政，故排序第一；〈天作〉則為告后稷廟，故祫祭先王先公，
次序第二；述祖以〈我將〉為宗祀文王於明堂，次序為三；〈載見〉則見乎武
王廟，故次序最後。雖次序有先後，然皆成王往新邑烝祭一時之事也。

然而，或有疑問云：禮，五年而再殷祭。今祫祭與宗祀一時並舉，無乃
瀆乎？述祖云：

此洛邑既成，五宮新位，咸秩無文，周公定之，成王行之，以是為

萬億年敬天之休，何謂瀆乎？〔註28〕

述祖以宗祀之禮乃周公所創，夏殷無文可見，而周公據文王之德之純，與天
命為不已，故以文王配天而宗祀於明堂，此乃聖人饗帝，孝子饗親之精義，
不可謂瀆。

述祖既以〈天作〉為祫祭先王先公之詩，然而詩辭何以卻僅言及大王及
文王呢？關於這點，述祖則以為周朝自后稷奠基以來，言王跡之所起，則必
自大王始，而能六合同風，九州共貫，皆是由於文王之德所致。故言大王，
則先公奕世載德者皆可知也；言文王，則后稷之始基靖民者皆可知也。因此，
詩辭雖僅提及大王、文王，但仍不害其為祫祭之用。

〔註26〕 同上註，頁32～33。
〔註27〕 同上註，頁33。
〔註28〕 同上註，頁34。

　　論述至此，可再看出，述祖相當重視《詩序》之說法。他在批評鄭《箋》及《正義》時，皆依《詩序》論說，甚至《詩序》與詩辭明顯不相合時，亦依《序》說刻意曲解詩辭內容。《詩序》是否爲毛公所傳，雖存有爭議，然述祖是逕自以其爲《毛詩》主要內容。而《周頌口義》的論說方式是以先列《詩序》，再論詩辭，可見述祖乃欲藉由《詩序》澄清詩歌的背景問題，大前提掌握後再申述詩辭便不易失焦，這是孟子「知人論世」方法的應用。但對於《詩序》可信度的爭議，述祖並未評論，自宋代以來，反《序》之風不斷擴張，述祖則云：

　　　　毛公得子夏之傳。自宋以來，舍而別求新說，詩學殆絕。〔註29〕

觀述祖皆以《毛詩》爲著作之名，便可見他的取向。

六、〈昊天有成命〉──郊祀與明堂祭之差別

1. 申明郊祀、明堂之不同

　　《詩序》云：「〈昊天有成命〉，郊祀天地也。」郊祀天地所指何禮？孔穎達云：「謂於南郊祀所感之天神，於北郊祀神州之地祇也。……此二者雖南北有異，祭俱在郊，故總言郊祀也。」其意蓋以《序》僅言郊祀，不爲禘祭，遂以爲乃南郊、北郊。陳奐《詩毛氏傳疏》云：「此冬至圜丘，夏至方丘，祀天地之樂歌也。《周禮‧大司樂》：『冬日至，於地上之圜丘奏之，若樂六變，則天神皆降。……夏日至，於澤中之方丘奏之，若樂八變，則地示皆出。』鄭注云：『此皆禘大祭也。天神則主北辰，地祇則主崑崙。』《禮記‧禮器》：『爲高必因丘陵，爲下必因川澤。』注云：『冬至祭天於圜丘之上，夏至祭地於方澤之中。』又『因天事天，因地事地』，注云：『天高，因高者以事也。地下，因下者以事也。』鄭亦本〈大司樂〉而言之矣。〈大宗伯〉：『以禋祀祀昊天上帝。』注云：『昊天上帝，冬至於圜丘所祀天皇大帝。』又『以蒼璧禮天』，注云：『此禮天以冬至，謂天皇大帝在北極者也。』〈祭法〉：『周人禘嚳而郊稷』，注云：『此禘謂祭昊天於圜丘也。祭上帝於南郊曰郊。』韋注〈魯語〉同。《爾雅‧釋天》云：『禘，大祭也。』禘在郊上，故禘爲最大之祭。禘嚳非配稷也，圜丘非南郊也，昊天上帝非上帝也。〈司服〉：『王之吉服，祀昊天上帝，服大裘而冕。』圜丘之祀以冬日至時，服大裘，則所祀者昊天上

〔註29〕《珍藝宧文鈔》，卷六，頁21。

帝也。〈大司樂〉不言禘而以爲禘,〈祭法〉不言圜丘而以爲圜丘,鄭說固極
融貫矣。〈大司樂〉注:『以圜丘祀天,方丘祀地,二者皆爲禘。』而〈祭法〉
之禘,注但言圜丘,而方丘之爲禘,亦當該在其中。圜丘、方丘皆在郊,故
〈祭法〉謂之禘,經傳皆謂之郊。《國語》又以禘郊連言之。〈周語〉:『禘郊
之事,則有全烝。』〈魯語〉:天子『日入監九御,使絜奉禘郊之粢盛。』〈楚
語〉:『天子禘郊之事,必自射其牲。』『天子新春禘郊之盛。』與〈表記〉:『天
子親耕,粢盛秬鬯,以事上帝』合,此禘郊爲祭天也。〈楚語〉郊祭不過繭栗,
與〈王制〉祭天地,牛角繭栗合。此禘郊並爲祭天地矣。臨海金鶚辨之甚詳。
然則詩言昊天,即所謂昊天上帝也。《序》言天地,即所謂祀天圜丘、祀地方
丘也。」〔註30〕陳奐綜合鄭玄相關注釋,歸納鄭說以爲郊即禘,亦即圜丘之
祭。然述祖說法則與之不同。述祖舉《尙書》及《周禮》、《禮記》所載之月
份作比較,如下表:

	建子	建丑	建寅
	周正月	周二月	周三月
	夏十一月	夏十二月	夏正月
〈召誥〉「丁巳用牲于郊」			郊
洛誥〉「烝祭歲」	祭歲(明堂宗祀)		
〈大司樂〉「冬日至,於地上之圜丘奏之」	圜丘		
〈郊特牲〉「周之始郊,日以至」	郊		

述祖依〈召誥〉言「用牲于郊」,定郊祀爲周之三月。而〈洛誥〉之烝祭歲蓋
即明堂之宗祀,時間則在周之正月,而〈大司樂〉圜丘之祭亦在周之正月,
是圜丘之祭即明堂宗祀之祭。而〈郊特牲〉以周正月行郊祀者,與〈召誥〉
不同,蓋誤以明堂爲郊,故以郊祀爲周正月,與〈洛誥〉周三月不同。而〈洛
誥〉比〈郊特牲〉更爲可信,故莊述祖得出與陳奐不同的結論:郊祀行於周
之三月,與明堂、圜丘之祭月份不同,可見非同一祭也。

　　以圜丘爲明堂者,述祖續有申論,〈大司樂〉鄭注云:「圜鐘,夾鐘也。
夾鐘生於房心之氣,房心爲大辰,天帝之明堂。」則圜丘蓋取象於天之明堂
也,此其一據。述祖又云:

〔註30〕《續經解毛詩類彙編‧詩毛氏傳疏》,冊一,頁918。

《大戴禮‧盛德記》曰：「明堂者，所以明諸侯尊卑。外水曰辟雍。」《明堂陰陽錄》曰：「明堂之制，周圜行水，左旋以象天。」《異義》：「《韓詩》說：辟雍者，天子之學，圜如璧，雍之以水，示圜。言辟，取辟有德。不言辟水，言辟雍者，取其雍和也。……在南方七里之內，立明堂其中。」是明堂周圜有水，則水以內為圜丘矣。其澤中之方丘，無從定其所在之方。《詩》曰：「振鷺于飛，于彼西雝。」《傳》曰：「雝，澤也。」則澤中之方丘或即在圜丘之西也。〔註31〕

述祖據明堂形勢之考察，定〈大司樂〉所言圜丘、方丘皆位於明堂之內。祭天於明堂時，則樂奏於圜丘，故圜丘、方丘之祭即明堂之祭。

論證明堂之祭非郊祀之後，述祖回歸主題，以《詩序》言「郊祀天地」，則〈昊天有成命〉自是郊祀之歌，與圜丘、明堂不同性質，故前論〈天作〉時，以〈烈文〉、〈天作〉、〈我將〉、〈載見〉皆與明堂有關，為一時之事。而〈昊天有成命〉不與焉，乃以郊祀與明堂之祭不同也。述祖於此詩取《正義》之說，亦可看出，述祖並非為反對而反對者。

2. 論「成王不敢康」之成王

鄭《箋》云：「文王、武王受其業，施行道德，成此王功，不敢自安逸。」是鄭玄以詩句之成王為成此王功，非指成王誦也。《正義》亦云：「此詩作在成王之初，非是崩後，不得稱成之諡。所言成王，有涉成王之嫌。韋昭云：『謂文武脩己自勤，成其王功，非謂周成王身也。』鄭賈唐說皆然，是時人有疑是成王身者，故辨之也。」成王究竟是生號還是諡號，而本詩之成王，究指成王誦，還是成此王功。以為作成此王功者，主要依據成王當為死後之諡，而本詩作於成王、周之時，豈有以死諡稱呼之理，故解成王為成此王功。關於成王是生號或諡號的問題，馬瑞辰有詳盡的闡述，或可作為依據，其說云：「〈晉語〉引此詩，韋昭注：謂文武脩己自勤，成其王功，非謂成王身也。說與《箋》同。但考叔向說是詩曰：『是道成王之德也。成王能明文昭、定武烈者也。』二后指文武，則成王自指周武王無疑。頌作於成王之時。成王，猶〈召南〉詩稱平王，象其德而稱頌之，非諡也。叔向曰：『夫道成命而稱昊天，翼其上也。二后受之，讓於德也。』蓋謂成王不自謂能受天命，而曰文武受

之，故以為讓於德。若不指周成王，則二后受之何謂讓於德乎？《賈子‧禮容篇》釋此詩曰：『二后，文王武王。成王者，文王之孫、武王之子也。文王有大德而功未就，武王有大功而治未成。及成王承嗣，仁以臨民，故稱昊天焉。蚤興夜昧以繼文王之業，懿然葆德，各遵其道，故曰有成。是《賈子》亦以詩成王指周成王身矣。呂氏《慎大覽》曰：文王造之而未遂，武王遂之而未成，周公旦抱少主而成之，故曰成王。《史記》：周公謂伯禽曰：我文王之子，武王之弟，成王之叔父。成王，蓋時臣美其德，生有此號。〈酒誥‧釋文〉載馬融注引或曰：以成王為少成二聖之功，生號曰成王，沒因為謚，其說是也。《尚書大傳》：奄君薄姑謂祿父曰，武王已死矣，成王當幼矣。成王惟生有此號，故《周頌》作於成王在位時，得稱成王耳。此《箋》及韋注《國語》並以成王指文武，失之。』〔註32〕

莊述祖對這一問題則採取較迴避的說法，他先論說文王、武王受天命，成王德，其云：

> 天有成命，王有成德，敬百姓所以敬天也。惟聖人為能饗帝者如此，儉德之恭也。事天者，天下之物，無以稱其德。事莫若恭，恭莫若儉，儉莫若信，信莫若寬，能信能寬，百姓寧矣。此成王德者，所以定命也。〔註33〕

述祖以成王乃成此王德，與鄭、孔似相同，但鄭玄作王功，述祖作王德，功、德之分，實有差異，且述祖所論全在申說德行之性質，包括恭、儉、信、寬、德，說明述祖所重視者依舊在於文武之聖德也。

以成王為成王德，是述祖在鄭玄、孔穎達事功的基礎上，再添入德行的標準。然而述祖亦不否定以成王指成王誦之說。他舉賈誼《新書》為例，以成王即武王之子，文王之孫。成王質仁聖哲，能承順武王之功，奉揚文王之德，以安天下，以敬民人，此即《正義》所云「時人有疑是成王身者」，述祖以賈誼實指成王其人之說，蓋為三家詩說。其意是以成王德為《毛詩》之說，而實指成王誦其人者，則為三家說法，三家自與《毛詩》不同，當可不必深論其是非也。

七、〈我將〉——以文王配天之說

〔註32〕 《續經解毛詩類彙編‧毛詩傳箋通釋》，冊二，頁 1572～1573。
〔註33〕 《周頌口義》，卷一，頁 45。

　　《詩序》云：「〈我將〉，祀文王於明堂也。」《序》說當依《孝經》而來。《孝經・聖治章》云：「孝莫大於嚴父，嚴父莫大於配天，則周公其人也。昔者周公郊祀后稷以配天，宗祀文王於明堂以配上帝。」《孝經》謂宗祀文王以配天，宗祀之禮，《禮》經未見。而以文王配天，所配何天？亦未說明。唐明皇注以爲五方上帝，《正義》亦云：「〈我將〉詩者，祀文王於明堂之樂歌也。謂祭五帝之於明堂，以文王配而祀之。」五帝爲誰？各說不一，《大戴禮記・五帝德》以爲乃黃帝、顓頊、帝嚳、堯、舜。而《禮記・月令》則以爲是大皞、炎帝、黃帝、少皞、顓頊爲五帝。此以上古傳說之帝王當五帝之名。而鄭玄注《周禮・春官・小宗伯》時則云：「五帝，蒼曰靈威仰，大昊食焉；赤曰赤熛怒，炎帝食焉，黃曰含樞紐，黃帝食焉；白曰白招拒，少昊食焉；黑曰汁光紀，顓頊食焉。」以五行配五人帝，乃據《春秋緯》而言也。金鶚《求古錄・禮說・五帝五祀說》云：「五帝爲五行之精，佐昊天化育，其尊亞於昊天。有謂五帝即天者，非也。〈月令〉云：『春帝大昊，夏帝炎帝，中央黃帝，秋帝少皞，冬帝顓頊。』此五天帝之名也。伏羲、神農、軒轅、金天、高陽，五人帝，以五德迭興，故亦以五天帝爲號。」〔註34〕金鶚以五帝爲五行之精，均爲佐昊天化育之神，地位不如昊天。而五人帝象五德迭興，故以五天帝號之，並進而駁斥鄭玄所謂蒼帝靈威仰、赤帝赤熛怒等名稱之怪妄不足據。莊述祖對於鄭玄、孔穎達以文王配此五帝，亦表示不以爲然。其意以「天」乃昊天上帝，所謂五帝並非天帝，述祖於第二卷論〈振鷺〉時，舉董仲舒《春秋繁露・三代改制質文》以爲五帝乃自九皇、五帝、三代之稱而出，爲五人帝。以五人帝爲天帝乃讖緯之說，始出於秦世。述祖云：

　　　其以五人帝爲五帝者，實始於秦世，何以明之。《周官・小宗伯》「兆
　　　五帝於四郊」，謂地與四方之帝也，即〈大宗伯〉：黃琮、青圭、赤
　　　璋、白琥、元璜所禮，各如其帝之色也。《說文》云：「垗，畔也。
　　　爲四時界祭其中。」「畤，天地五帝所基址祭地。右扶風有五畤：好
　　　畤、鄜畤、皆黃帝畤祭，或曰秦文公立也。」由此言之，兆即畤也。
　　　秦起西垂，不知三代之禮，見四郊外五帝之兆，遂以爲郊祭上帝之
　　　處，又自以爲主少皞之神，作西畤，祠白帝，此以畤爲郊，以五人
　　　帝爲五帝之始，〈月令〉由此沿譌，蓋秦制也。漢初公卿皆介冑武夫，
　　　不知是正，其後既爲國典，不得不依違兩可，而天神地祇之位號，

〔註34〕〔清〕金鶚撰：《續經解三禮類彙編・求古錄》，冊一，頁174。

終莫有辨之者矣。〔註35〕

是五帝之祠至漢高祖立北畤而始備，則周初不應有配以五帝之制，此皆秦漢儒者之附會。

若夫六天之名及謂五帝太一之佐者，皆緯書方士所稱，不足據也。

后稷，南郊所配；文王，明堂所配，皆昊天上帝。〔註36〕

五帝、六天之說，實始於戰國陰陽家之附會，秦漢緯書大行，於是又依之引申，遂有〈小宗伯〉所謂兆五帝於四郊及〈月令〉五行之帝之說。周初陰陽五行思想未必如此成熟，恐不得有此制。述祖所說當是，則所謂配天者，當即昊天上帝爲是。

另外，漢初儒者又依漢文帝所作渭陽五帝廟面各五門及〈考工記〉五室之說，而謂明堂亦有五室，甚至依九宮之數定明堂爲九室，述祖以爲此皆非禮之明堂。而鄭玄又以明堂爲祀五帝之處所，述祖一併否定，並舉《禮記‧曲禮下》：「大饗不問卜。」鄭玄注云：「祭五帝於明堂，莫適卜也。」是鄭玄以爲明堂不卜。然《周禮》大宰祀五帝時又云：「前期十日，率執事而卜日。」明顯與鄭說不合，故述祖以爲祀五帝非於明堂，則本詩宗祀文王配天，天非五帝可知。另外，關於明堂形制的問題，歷代學者人各異說，述祖並未針對明堂形制作出明確界定，僅云：

明堂五宮同制，後儒以有大饗五帝於明堂之說，遂謂木室東北，火室東南，金室西南，水室西北，則土室當在中央，以爲帝各一室，無奧阼之位，亂堂室之制。謹依〈顧命〉路寢東西房夾室，《周書‧作雒》五宮，以證〈考工記〉五室四旁兩夾之不在四隅，而鄭志乃謂西都猶諸侯制度，其舍經任傳之失當，不辯而自明矣。〔註37〕

述祖先破除五帝之說爲後起之附會，則五行依於各室之說不攻自破，又據《尚書》、《逸周書》之載，破鄭玄之說，其說可信。

述祖論述〈天作〉時，將〈天作〉、〈我將〉定爲一時之事。〈天作〉爲告后稷廟，祀先王先公，〈我將〉爲宗祀文王於明堂，當於告后稷之後舉行，故爲一時之事，然皆推本於先王先公之創業垂統也。

〔註35〕《周頌口義》，卷二，頁21。
〔註36〕同上註，卷一，頁51。
〔註37〕同上註。

八、〈時邁〉——論巡守、封禪等問題

1. 論武王封禪事件之含義

《詩序》云:「〈時邁〉,巡守告祭柴望也。」此與〈堯典〉所載有相通之處,故說詩者多據〈堯典〉,以為此乃天子巡守之詩。如鄭《箋》即云:「巡守告祭者,天子巡行邦國,至於方岳之下而封禪也。《書》曰:『歲二月東巡守,至于岱宗,柴,望秩于山川,徧于群神。』遠行也。」鄭玄直舉〈堯典〉為證,是以本詩為武王巡守也。然鄭玄以為由巡守而封禪,則為〈堯典〉所未言。《正義》又據鄭玄申述,其重點有三:

(1)以巡守者亦為武王

謂武王既定天下,而巡行其守土。諸侯至于方岳之下,乃作告至之祭,為柴望之禮。

(2)以武王但行巡守,未行封禪

封禪必因巡守,而巡守不必封禪,何則?雖未太平,王者觀民風俗,而可以巡守。其封禪必太平功成,乃告成於天,非太平不可也。……《史記·封禪書》至:「齊桓公欲封禪。管仲曰:古者封泰山,禪梁甫者,七十二家。而夷吾所記者,十有二焉。乃數十二,於周唯言成王封泰山,禪社首。是武必不封禪。」與鄭玄說法不同,然疏不破注的原則,使孔穎達必需為鄭玄尋求開脫之道,故云:「《箋》云:至方岳之下而封禪者,廣解巡守所為之事。」然《正義》又云:「封禪者,每一代唯一封而已。」而巡守則「非直一巡而已。」則巡守非必封禪不可,故孔《疏》「廣解巡守所為之事」之說,亦有所矛盾也。

(3)以〈堯典〉「徧於群神」為衍文

徧於群神一句,於〈堯典〉乃在上文正月上日,受終於文祖之時,云:類於上帝,禋於六宗,望於山川,徧於群神。於二月巡守之下唯有柴望秩於山川而已。不言徧於群神,此一句衍字也。定本、集注皆有此一句。案:〈王制〉說巡守之禮,亦云柴而望祀,不言徧群神也。〈堯典〉注云:「群神,丘陵墳衍之屬。」〈般·序〉止云:「四岳河海」,經唯言隨山喬岳,不言墳衍岳陵,是必不徧群神也。

莊述祖論述本詩內容,即對《正義》這三大重點進行辯駁。述祖以為本詩為武王巡守當無可疑,《左傳·宣公十二年》楚王言:「武王克商,作《頌》曰:載戢干戈,載櫜弓矢。我求懿德,肆于時夏,允王保之。」配合《詩序》

來看，則是武王巡守時作本詩。

　　然而述祖又以爲無論言武王巡守時封禪之說或以天下未太平，武王未封禪之說，皆有所失：

　　　　《墨子》曰：「昔者武王將事泰山隧，傳曰：泰山有道，曾孫周王有
　　　　事。大事既獲，仁人尚作，以祗商夏，蠻夷醜貉。雖有周親，不若
　　　　仁人，萬方有罪，維予一人。此言武王之事。」高誘《淮南子》注
　　　　云：「傳，禪也。」《白虎通》云：「禪者，以成功相傳也。」傳有禪
　　　　訓，故謂武王封禪。〈禮器〉注引《孝經》說云：「封乎泰山，考績
　　　　燔燎，禪乎梁甫，刻石紀號。」蓋古之王者，巡守至於泰山，有柴
　　　　望之禮。後世遂張大其事，謂之封禪。管仲設事，以沮齊桓之僭禮，
　　　　不知者遂以爲太平符瑞並臻，然後封禪，非巡守柴望之常禮。〔註38〕

述祖謂封禪之事爲後世張大，考之經傳，皆無所謂封禪之事，且以〈封禪書〉
中管仲之言，乃爲防止桓公僭禮，故設言如此。述祖之說可從。然憑《墨子》
所引「傳曰」之傳爲禪，實難服人，此「傳」究竟爲書名，或爲禪意，或有
他解，均難論斷。且所云《淮南子》「傳，禪也」之注亦有微誤。考《淮南·
繆稱訓》云：「堯舜傳大焉，先形乎小也。刑于寡妻，至于兄弟，禪於家國而
天下從風。」高誘注云：「禪，傳也。言堯、舜、禹相傳，天下服之也。」與
述祖所引「傳，禪也。」相反，雖兩字當可互訓，然《淮南子》所言乃堯舜
禹禪讓之事，與封禪之義有別。故述祖結論雖甚合理，但論證過程實漏洞百
出。

　　述祖對《正義》以天下未太平，故武王未封禪之說，並不滿意。對於《正
義》以巡守柴祭並未「徧於群神」，則全接納其說，並未多置一辭。然此涉及
《尚書》學之部份，茲不論及。

2. 指鄭玄暗用《韓詩》述毛

　　鄭《箋》釋「時邁其邦，昊天其子之，實右序有周」云：「武王既定天下，
時出行其邦國，謂巡守也。天其子愛之，右助次序其事，謂多生賢知，使爲
之臣也。」天所佑愛周王的方式，乃降生賢臣爲佐，光大有周基業。此說是
否爲毛公之意，因《毛傳》未明確訓釋，難以得知。然生賢知爲佐，其說則
與《韓詩》相合。《後漢書·李固傳》云：「《周頌》曰：『薄言振之，莫不振

〔註38〕同上註，頁 56〜57。

疊。』此言無動於內而應於外者也。」注引薛君《傳》曰:「薄,辭也。振,奮也。莫,無也。震,動也。疊,應也。美成王能奮舒文武之道而行之,則天下無不動而應其政教。」則《韓詩》乃以此詩美成王也。《韓詩外傳》又舉魏文侯欲立相之事,明上用俊乂在位則能右助其事,並云:「《詩》曰:『明昭有周,式序在位』,言各稱其職也。」述祖以爲鄭玄雖未用薛君美成王之說,但卻暗用《韓詩》賢知在位,使之爲臣護佑周朝。此說應非毛意。毛公所傳乃古文家法,與《韓詩》今文容有不同。述祖舉《國語》之文曰:

> 當以〈周語〉祭公謀父說周文公之頌者引申之。「時遇其邦」,毛以爲巡守,即《史記》所謂西歸行狩是也。天所以子愛有周而是右助之者,以周之先王世序其德也。〔註39〕

祭公謀父爲諫穆王征犬戎,歷舉周代開發經過,自后稷至武王,遠人不服則修文德以來之,故周代基業大盛,上天子愛之由,乃因周之先王世序其德也。「式序在位」,序乃緒也,言用前人文德之諸,而在天子之位也。述祖以此句自言聖王之德,承先啓後,此爲毛公之意,與《韓詩》以「式序在位」爲賢知在位,實有不同,而鄭玄依用之,非毛意也。

　　述祖以鄭玄用《韓詩》義,此實不誤,但若以《毛傳》爲古文家法,與《國語》同,則恐未必。毛公之意無法明確指出,則述祖指鄭玄以《韓》破《毛》之說便難成立,但可說以《韓》述《毛》,未必能言以《韓》破《毛》也。

九、〈執競〉——讚武王之聖德

1. 論詩爲祀武王抑或武王祀祖宗

　　《詩序》以本詩爲祀武王,然鄭玄卻以爲武王祀祖宗,兩說實不同。而朱熹《詩集傳》則據詩中「成康」字句,以爲此乃祭武王、成王、康王之詩,時代應在昭王之時。至於三家詩說,胡承珙《毛詩後箋》云:「《鹽鐵論·論菑篇》曰:『周文武尊賢受諫,敬戒不殆,純德上休,神祇相貺。《詩》曰:降福穰穰,降福簡簡。』此雖連文王言之,然可見詩中無成康事。是時《毛詩》未盛,而引《詩》作解如此,疑三家說與毛同,不獨蔡氏《獨斷》合於《毛序》也。」〔註40〕王先謙舉蔡邕《獨斷》文云:「《魯》說曰:〈執競〉一

〔註39〕同上註,頁61。
〔註40〕《續經解毛詩類彙編·毛詩後箋》,冊二,頁2240。

章十四句，祀武王之所歌也。《齊》、《韓》蓋同。」〔註41〕據此，三家詩說與《毛詩》似同，皆以成康非指成王、康王。述祖以復古為重心，對朱熹以下之質疑不置一辭，直取毛說，並以此詩之背景即《逸周書‧世俘解》之文，其云：

> 《逸周書‧世俘篇》文爛脫亂，劉歆以為古文〈武成〉，《三統世經》所引亦頗錯誤顛倒。歆雖刺《書序》坿益之不知是正也。今考定其文曰：「時四月，既旁生魄。越六日庚戌，武王朝至于周，俾史佚繇書，告于天于稷。若翼日辛亥，祀于天位，燎。王不革服，格于廟，自大王、大伯、王季、虞公、文王、邑考以列升。越五日乙卯，乃以庶邦祀馘於周廟。」此即〈思文〉、〈執競〉所歌之事也。〈世俘〉雖非古文〈武成〉，《呂氏春秋》謂武王伐殷，歸乃薦俘馘於京太室。蔡邕《明堂月令論》引〈樂記〉亦同。〔註42〕

合〈世俘解〉及《呂氏春秋》來看，〈執競〉的內容是敘述武王獻馘於周廟之詩，故鄭玄以此詩為武王祀祖宗。然《詩序》何以云：「祀武王也。」述祖以為〈執競〉乃作於周公致太平之後，而所述為武王克商時事，故鄭玄所云為詩歌之背景內容，毛公所言為作詩之用途，故毛鄭雖有不同，述祖仍以《箋》說可輔《傳》，並不以為非。實則述祖據《逸周書》等資料判定本詩是武王祭祀之詩，此乃鄭《箋》說法，《詩序》與之不合，但述祖卻反其言，以為《箋》說可以補充《毛序》不足之處，於此表現出他欲維護《詩序》的用心。

2. 論武王之德

〈清廟〉之什，前七篇所歌頌主角皆為文王，文王乃奠定周朝基業之主，為後世主要歌頌對象。而〈時邁〉、〈執競〉、〈思文〉三詩，主角則變為武王，武王為開國之主，功業可比文王。故述祖以為武王之所以能夠成就克商之大業者，除文王餘蔭外，武王本身亦有大功德。遂於此詩大論武王之德，以期能與文王相配。所論如下：

（1）武王能自彊，故能逮及祖考之業。

> 謹按：〈執競〉者，言武王之有聖德，以其能自彊以逮及文王而卒其伐功也，故謂之過。〈釋言〉曰：「過，逮也。」此與〈武〉皆言無

〔註41〕《詩三家義集疏》，下冊，頁1015。
〔註42〕《周頌口義》，卷一，頁63。

競維烈，言其能逮及祖考之業者，亦以其能自彊也。〔註43〕

武王聖德的表現在於能夠自強，因武王之前有文王等先祖奠定基業，若不能克紹箕裘，縱使祖先德業再高，亦不可能成就克商大業，故以武王能自強，承繼文王聖德爲其成功之因。可以看出，述祖仍以文王爲道德之極致，武王之聖德仍在於繼承文王之聖德，非文王則武王無以成功。

（2）安天下之功者亦有臨天下之德

> 《禮·中庸記》曰：「惟天下至聖爲能聰明睿知，足以有臨也；寬裕溫柔，足以有容也；發強剛毅，足以有執也；齊莊中正，足以有敬也；文理密察，足以有別也。」鄭氏以爲德不如此，不可以君天下。發彊剛毅，足以執矣。然非寬裕溫柔，則無以成大功而安之；非文理密察，則明不足以別；非齊莊中正，則無可畏之威，可儀之象。此武王所以爲聰明聖知，達天德也。〔註44〕

〈中庸〉所云，乃嘆孔子有德無命，述祖引之以讚武王，則以武王爲有德有命也。其讚武王爲聰明睿知、寬裕溫柔、發強剛毅、齊莊中正、文理密察之聖王，實足以比美文王也。至於孔子以〈武〉盡美未盡善，似有微貶武王之意，述祖則以爲孔子是以王業艱難，聖人難爲評論武王，非有貶武王之意也。

十、〈思文〉──述后稷之功

1. 論三夏之名義

《國語·魯語下》云：「金奏肆夏，繁、遏、渠。天子所以享元侯。」韋昭注云：「肆夏一名樊，韶夏一名遏，納夏一名渠，此三夏曲也。」韋昭以〈肆夏〉又名〈樊〉，〈三夏〉爲〈繁〉、〈遏〉、〈渠〉。《周禮·鍾師》云：「凡樂事，以鐘鼓奏九夏。」九夏有肆夏，鄭注引杜子春云：「肆夏，詩也。」又云：「肆夏、繁退、渠，所謂三夏矣。呂叔玉云：肆夏、繁遏、渠，皆周頌也。肆夏，〈時邁〉也；繁遏，〈執競〉也；渠，〈思文〉也。肆，遂；夏，大也。言遂於大位，謂王位也。故〈時邁〉曰：『肆于時夏，允王保之』。繁，多也。遏，止也。言福祿止於周之多也。故〈執競〉曰：『降福穰穰，降福簡簡，福祿來反』。渠，大也。言以后稷配天，王道之大也。故〈思文〉曰：『思文后稷，克配彼天』，故《國語》謂之曰：『皆昭令德以合好也。』玄謂以〈文王〉、〈鹿

〔註43〕 同上註，頁66。
〔註44〕 同上註，頁66～67。

鳴〉言之，則九夏皆詩篇名，頌之族類也。此歌大者，載在樂章，樂崩亦從而亡，是以頌不能具。」鄭玄以爲〈三夏〉爲〈肆夏〉、〈繁遏〉、〈渠〉，與韋昭不同。而述祖對鄭玄、韋昭之說各有所取。他據鄭說以〈時邁〉、〈執競〉、〈思文〉爲三夏之詩。又據韋注，以爲三夏爲〈繁〉、〈遏〉、〈渠〉。述祖云：

> 繁、樊、藩通借。《周禮・大司徒》注，杜子春讀蕃樂爲藩樂，謂閉藏樂器而不作，是樊即載戢干戈，載櫜弓矢之義矣。肆夏名繁，既是〈時邁〉，則〈思文〉爲渠，義亦可通。《風俗通》云：「渠，水所居也。」《說文》同。《爾雅》：河所渠并千七百一川。言水所居者眾，渠者大也。喻王者爲天下所歸往，如大水之渠，并眾小水，即無此疆爾介之義也。渠或是王夏，而〈執競〉有既醉既飽之文，與杜子春所謂客醉而出，奏陔夏相近。又韋所云韶夏、納夏之爲遏、渠，未知何據。以〈大司樂〉考之，則三夏當爲王夏、肆夏、昭夏。或享元侯不用昭夏，用陔夏耳。蓋合奏三夏，歌此三詩，謂之繁遏渠，不舉見在詩篇名，或詩本有此名，如〈酌〉、〈桓〉、〈賚〉、〈般〉不以詩首句名篇也。〔註45〕

述祖強據樂曲名稱論證其意義內涵，實有牽強之處。如論渠有大水之意，故象徵王者爲天下歸往，然《周頌》幾乎篇篇皆爲頌讚王者之德，則每篇皆可當之，何以必取〈思文〉爲王者受天下歸往之詩呢？論繁爲〈時邁〉詩時，缺陷亦同。大體述祖論詩，其結論多可令人接受，然論證過程卻普遍存有瑕疵。述祖讀書精細，善於利用細微證據，加以放大，其意在爲結論增添證據，然所作論證卻多有不合理之處，反而使結論的可靠性失去信度。如論三夏之名肆夏、繁遏、渠者，以爲如〈酌〉、〈桓〉、〈賚〉等詩，並不以首句爲名，其說合理，但論證過程卻根據字訓強加意涵於詩篇，反而令人難以接受，這是述祖論證的根本缺失。

2. 論文武之功起於后稷

后稷乃周朝立國之君，關於后稷的事蹟，主要在於他教導周人稼穡，奠定基礎。因此，周人談論文武之功，多以之起於后稷之業，由於后稷在農業上的功勞，使上帝歆饗其德，進而使周朝能得受命。故鄭《箋》云：「周公思先祖有文德者，后稷之功能配天。」以文德在於后稷。然述祖卻不贊同這種

〔註45〕同上註，頁69。

說法。前面論〈清廟〉時已提過，述祖以爲周朝大業的定基，在於文王之聖德，天命因文王而降臨，故武王乃能成之，而成王則能繼之。故鄭玄以周公所思爲后稷之文德爲詩歌重點，述祖並不贊同。他以爲〈思文〉之詩實是武王修文王之典，思念祖考，述追厥功，故告於后稷。后稷亦有德，但並不是克伐殷商的關鍵，關鍵仍是在於文王之德。述祖云：

> 周公作此詩，言武王思文考，以文受天命，由后稷生百穀，育民人，法地之道以承天，受而化之，養而成之。盡性以盡人之性，神人百物，無不得其極。〔註46〕

后稷生百穀，定周基，然只是遠祖功德之一，其成就皆在文王身上。故武王思文王受命之由來，實由后稷開始，故述后稷之功，明配天之理。

附帶一提，述祖以爲本詩爲周公所作，此明詩歌所作時日，然內容爲敘述武王以后稷配天之祭，此又明詩歌本事，故無論說其爲周公之詩或爲武王之詩，雖有不同，實可互爲補充。

第二節　《周頌・臣工之什》

一、〈臣工〉——遣助祭之諸侯

《詩序》云：「諸侯助祭，遣於廟也。」遣即送歸。諸侯助祭完畢之後，天子遣送於廟，並戒諸侯，遂爲此詩。觀〈烈文・序〉云：「成王即政，諸侯助祭」，兩詩皆言諸侯助祭，則此詩當爲〈烈文〉諸侯祭畢送歸之詩。述祖以〈烈文〉爲申明堂之政，乃成王於洛邑新成之明堂，行宗祀文王大典，與〈天作〉、〈我將〉等詩有著一時先後之次序，其意以〈臣工〉原當次於〈我將〉之後，故〈臣工〉詩者，爲天子於文王廟送參與明堂助祭之諸侯返歸封地時之樂歌也。

然觀詩辭，實無言及祭畢之事，於是後世學者便有爭議。朱熹以此詩爲戒農官之詩，姚際恆（1647～約1715）以詩中並無祭事並引鄭肇敏《詩傳闡》以爲此亦戒農官之詩。郝敬（1558～1639）則云：「戒農官何與於《頌》？諸侯守土，民事爲先。祭歸而申飭王章，稼穡其首務也。周先王力農開國，故告於廟，以祖德訓之，所以爲《頌》。」〔註47〕《周頌》三十一章，當皆與祭

〔註46〕同上註，頁72～73。
〔註47〕〔明〕郝敬撰：《毛詩原解》（臺北：新文豐出版公司），下冊，頁541。

祀有關，郝敬所云有理。蔡邕《獨斷》亦以本詩爲諸侯助祭，遣於廟時所歌。則《魯》說與《毛》同。朱熹等人據詩中未言及祭祀，遂以爲戒農官而已，實有待驗證。莊述祖面對這些爭議，並未評論，他直接藉由闡述詩歌背景，以明其用途：

> 周公初成洛邑，成王即政，祀文王於明堂，四方諸侯皆至，故留助祭。夏正郊天爲每歲常祀，惟春朝，諸侯助祭也。又〈臣工〉歌於禮送諸侯於廟之日，非歌於祭之末，即〈烈文〉之誡諸侯，亦非於祭時誡之。〈烈文〉誡之於明堂，〈臣工〉遣之於宗宮，天子之禮諸侯者，如此。〔註48〕

述祖指出，戒諸侯之語非必於祭祀時即施行。諸侯遠途助祭，成王體貼其辛勞，自不當於祭祀完畢即行誡告，此應爲祭祀完畢後，諸侯返歸，成王另行遣送之禮於宗廟，並告誡諸侯敬保其國。然諸侯身份尊貴，故借由敕臣工及保介，以明天子於諸侯不純臣之意，這是拉攏諸侯並保全諸侯身份顏面的方式，述祖這樣的解釋，是合情合理的解說。

然而詩辭中何以戒臣工又戒保介，述祖以爲其中微有區別，其云：

> 洛邑既成，太平制作，宗祀明堂，爰告成功，故敕助祭諸侯之臣工而命之，嘉其敬爾君事，且言王大理女助成此四方新辟，來是諏詢，來是圖度也。既嘉勞之，乃趣其歸，不斥諸侯，故又敕保介而命之，維莫之春，恐其勤勞道路，晚失春時，非謂莫春也。言當早及孟春耤田之禮，使遄其歸耳。〔註49〕

於此述祖又以敕臣工爲祭末時所言，而敕保介則爲遣告時所言，似與前述歌〈臣工〉於送諸侯之日不合。實則諸侯祭畢，天子當有慰勞之語，故敕諸侯之臣工，以其敬成祭事。而於送歸之時，則又敕保介，願其早回，方不誤農時。此皆當時實事。而詩人據此作〈臣工〉之詩，於諸侯遣廟回歸時歌之，以頌天子慰勞之意。故述祖前後兩說並不矛盾。

最後，述祖又申述一段天子戒告保介重農的用意：

> 又言來牟者，本周之所以受命，同〈思文〉后稷配天之辭，蓋指元日祈穀之祭而言也。言耤田，且言郊祀，明民之大事在農也。然則聖王之勤民恤功，昭事上帝者，胥於是乎著矣。迄用康年，祈穀之

〔註48〕《周頌口義》，卷二，頁2。

〔註49〕同上註，頁7。

辭也。命我眾人，庤乃錢鎛，歲事之始也。夏正之郊曰初，歲祭曰
至，明堂之事曰祭歲，祭祀之事皆所以祈歲事也。〔註50〕

來牟者，鄭玄以為天降之珍瑞，實則來牟當指周朝農事耕作之成法，此乃自
后稷始創，傳之子孫，周公有嘉禾，成王有瑞麥，故以來牟象徵周朝受命之
由，亦即重視農業的成法，此乃周朝立國壯大的根本，故述祖以《周頌》不
斷歌頌耤田、郊祀，甚至凡祭祀之事，祈來歲之收成者，皆為重農之表現，
而聖王勤民恤功亦在於斯，表現出周朝重視農業基礎的觀念。

二、〈噫嘻〉——亦遣諸侯之樂歌

《詩序》云：「春夏祈穀於上帝。」據詩歌內容來看，頗符合詩意。《詩
序》言春、夏二季，則祈穀是有二祭矣。鄭《箋》云：「〈月令〉孟春祈穀於
上帝，夏則龍見而雩是與。」龍見而雩為《左傳》之文，則孟春祈穀與龍見
而雩殆即《詩序》之春夏二祭也。然朱子以詩中未見祈穀之事，遂以為與〈臣
工〉同為告戒農官之詩。述祖則以為本詩為遣郊祀助祭諸侯之樂歌，與〈臣
工〉遣明堂助祭之諸侯不同，試就述祖所論，分析如下：

1. 論〈噫嘻〉為祈穀之祭

前論〈昊天有成命〉時，述祖據〈召誥〉之文以郊祀時間在夏正月之時，
與〈月令〉孟春祈穀上帝同時，故述祖以為祈穀上帝即夏正之郊。然夏正之
郊已歌〈昊天有成命〉，不應又歌〈噫嘻〉，故述祖進一步認為〈噫嘻〉的性
質與〈臣工〉同，皆為送遣助祭諸侯之樂歌，並不歌於祭祀之時，那麼歌於
何時呢？述祖前以〈臣工〉為明堂助祭之諸侯遣於宗宮時所歌，那麼郊祀助
祭之諸侯又於何處歌〈噫嘻〉？述祖以為當在遣諸侯於太廟之時歌〈噫嘻〉，
其說如下：

〈郊特牲〉記曰：「獻命庫門之內，戒百官也。太廟之命，戒百姓也。」
注云：「庫門在雉門之外，入庫門則至廟門外矣。大廟，祖廟也。百
官，公卿以下也。百姓，王之親也。入廟戒，親親也。」天子五門，
皋、庫、雉、應、路，故云庫門在雉門之外。獻命即卜郊所受之命。
太廟之命與上王立於澤，親聽誓命，即《周官‧冢宰》所謂祀五帝，
則掌百官之誓戒，祀大神祇亦如之，是也。百姓即百官，庫門獻命，

> 既誓，戒之太廟，禮遣助祭諸侯又勒戒之，一於祭之前期，一於祭
> 之後。鄭注皆承卜之日而言，非也。〔註51〕

明堂之祭，以文王配天，故遣諸侯則於宗宮舉行；郊祀之祭，以后稷配天，故遣諸侯於太廟舉行，此其不同之處。

　接著，述祖又分析「祈穀於上帝」之上帝爲誰？孔穎達以爲是蒼帝靈威仰。述祖在第一卷論〈我將〉時，已駁斥鄭玄、孔穎達五帝、六天之說，以爲此乃經典所無，乃緯書方士所稱，不足爲據。他說：

> 僅據《尚書帝命驗》之五府及《春秋緯大微》五帝之名，而《周官》、
> 〈月令〉皆無是説也。〔註52〕

述祖以爲上帝即昊天上帝，是唯一至高之天神，並以爲《周禮》之稱天、稱上帝、稱大神皆爲昊天上帝，五帝、六天當統於昊天上帝之下，爲四方地祇。

　《詩序》以祈穀於春夏二季，鄭玄以孟春祈穀及龍見而雩當之，其意似以祈穀之祭將於春夏各行一次，然《穀梁傳》以爲夏之始可以承春，故不妨其爲一祭。述祖則云：

> 祈穀於上帝，兼言春夏者，猶〈昊天有成命・序〉言郊祀天地，
> 地統於天，言郊可及社；五帝統於上帝，言春祈穀可兼夏祈穀也。
> 〔註53〕

言春祈穀可兼夏祈穀，但仍應爲兩祭，只是性質上可統而言之。春祈穀即郊祀，那麼夏祈穀呢？述祖以爲即〈大司樂〉夏日至，奏樂於澤中方丘以降神之方丘之祭。〈月令〉云「仲夏命樂師修鞀鞞鼓，均琴瑟管簫，執干戚戈羽，調竽笙箎簧，飭鐘磬柷敔。命有司爲民祈祀山川百源。大雩帝用盛樂，乃命百縣雩祀百辟卿士有益於民者，以祈穀實。」雩爲求雨之祭，祈穀當求雨，又自鞀鞞皆柷敔皆作，可謂盛樂，而方丘之祭亦用盛樂，時節又同，故述祖以方丘之祭即夏日祈穀之祭。

2. 論「噫嘻成王」

　述祖前論〈昊天有成命〉之「成王不敢康」時，雖未針對成王是生號或死諡的問題評論，但以「成王」爲成就王德，可見他不以成王爲生號也。故本詩「噫嘻成王」，述祖亦採《毛傳》「成是王事」論說。首先他以噫嘻皆爲

〔註51〕同上註，頁 11～12。
〔註52〕同上註，頁 11。
〔註53〕同上註。

嘆詞，《毛傳》云：「噫，嘆也。嘻，和也。」嘆和是何意思？其義不明。《毛傳》流傳另有一本作「嘻，勅也。」勅爲勞之義，即慰勞，然《正義》仍以噫嘻皆爲嘆聲〔註54〕。而述祖則同意嘻訓爲和，並舉〈樂記〉「〈清廟〉之瑟，朱弦而疏越，一倡而三嘆。」之文，以爲三人從嘆之即「和」之意，則述祖是以和讀去聲，故嘆和即倡和之意也。從其發歌以呼之，亦欲在位者徧聞之也。既以噫嘻爲倡和之意，則噫嘻成王之意即爲讚美群臣助祭禮成，述祖云：

> 言成是王事者，即〈昊天有成命〉所謂明文昭，定武烈者也。明文之德，定武之功，成是王事。以其不違心，率群臣以專神明之敬。
>
> 上帝既昭然假饗失，言郊祀禮成，各揚其職也。於是助祭之諸侯，於廟禮遣之。助祭之百官，即於廟勅戒之，皆勉之以歲事焉。〔註55〕

勉歲事者，即以〈臣工〉所言「命我眾人，庤乃錢鎛」爲歲事之始，本詩「亦服爾耕，十千維耦」爲歲事之中，並祝以「亦有高廩，萬億及秭」爲歲事之終，依照如此次序之安排，述祖是以〈臣工〉、〈噫嘻〉、〈豐年〉爲首尾相終之三詩也。

三、〈振鷺〉——存二王之後

1. 申明董仲舒通天三統之義

　　《周頌》詩中言諸侯助祭者，有〈烈文〉、〈臣工〉兩詩，而〈振鷺〉來助祭者亦爲諸侯，只是此諸侯非比一般，乃夏、殷二代之後。《禮記・樂記》云：「武王克殷反商，而封黃帝之後於薊，封帝堯之後於祝，封帝舜之後於陳。下車而封夏后氏之後於杞，投殷之後於宋。」《史記》、《漢書》所載亦同。亡國之後，尚能佔據一方，除收買、安定人心的考量外，實亦是周代政治上獨特的現象，《尚書・皋陶謨》雖有「虞賓在位」的記載，但舜與武王取得天下的方式不同，其意涵自亦有別。《左傳・僖公二十四年》云：「宋，先代之後也。於周爲客。天子有事，燔焉。」客有敵主、相對之義，其意以殷代之後在政治地位之名義，尚能與周王相提並論，故以客稱之，而堯讓位於舜，其本身宗族未滅，亦未與之爲敵，故丹朱可光明正大助祭。

　　對於周代存殷之後的作法作出詮釋意義最重要者，首推《公羊傳》之說，《公羊傳・隱公三年》云：「王者存二王之後，使統其正朔，服其服色，行其

<hr>

〔註54〕說見第參章第四節第6條論「噫嘻成王」。
〔註55〕《周頌口義》，卷二，頁16～17。

禮樂,所以尊先聖,通三統,師法之義,恭讓之禮,於是可得而觀之。」自
《公羊傳》以爲存二王之後乃所謂通天之三統,後世儒者加上許多附會,董
仲舒《春秋繁露‧三代質文改制》云:「王者改制作科,奈何曰當十二月歷,
各法其正朔,逆數三而相復,紬三之前曰五帝。帝迭首一色,順數五而相復,
禮樂各以其法,象其宜,順數四而相復。」又曰:「王者之法,必正號,紬王
謂之帝,封其後以小國使奉祀之,下存二王之後,以大國使服其服,行其禮
樂,稱客而朝。故同時稱帝者五,稱王者三,所以昭五端,通三統也。是故
周人之王,尚推神農爲九皇,而改號軒轅謂之黃帝,因存帝顓頊、帝嚳、帝
堯之帝號,紬虞而號舜曰帝舜,錄五帝以小國,下存禹之後於杞,存湯之後
於宋,以方百里,爵號公。」又曰:「王者有不易者,有再而復者,有三而復
者,有四而復者,有五而復者,有九而復者,明此通天地、陰陽、四時、日
月、星辰、山川、人倫,德侔天地者稱皇帝,天祐而子之,號稱天子,故聖
人生則稱天子,崩遷則存爲三王,紬滅爲五帝,下至附庸,紬爲九皇,下極
其爲民有一謂之三代,有一謂之三代,故雖絕地廟位,祝牲猶列於郊,號宗
於代宗。」孔穎達亦云:「〈郊特牲〉曰:『王者存二代之後,所以尊賢也。尊
賢不過二代。』《書傳》曰:『天子存二王之後,與己三,所以通天三統、立
三正。』鄭《駁異義》云:『言所以存二王之後者,命使郊天以天子禮,祭其
始姐受命之王,自行其正朔服色,此之謂通天三統。』是言王者立二王後之
義也。」述祖依董仲舒之說,以爲存二王之後乃所謂明五端、三統之義也。
述祖云:

> 故王者尊二代之後,非徒以禮文虛加之,所以順天地之道也。受命
> 之王,推其祖以配天,郊祀、宗祀所配者,皆昊天上帝也。二王之
> 後,於郊祀亦然。《尚書傳》曰:「舜入唐郊,丹朱爲尸。」天子之
> 禮也。虞不改唐郊,故郊堯,知堯所配者,昊天上帝也。若配所感
> 之帝,舜不得入唐郊矣,此非理之至顯者乎?〔註56〕

所謂鬼神非其族類不歆,若周天子所祭者爲其所感之帝,其二王之後無助祭
之理,可見郊祀、宗祀所配者皆昊天上帝是也。

　　由以上討論可以看出,述祖對《詩經》的立場屬於擁毛派,而對《春秋》
三傳則較推崇《公羊傳》,並遵奉董仲舒《春秋繁露》所言之三代改制理論。
不過述祖並非以今古文的角度分別之,而是就義理的闡述而言,貶低《左傳》

〔註56〕同上註,頁 20～21。

的地位，推崇《公》、《穀》的價值，然而這和劉逢祿所代表的常州今文學派的思路是有本質上的不同。因此，可以說述祖的學術傾向啟發劉逢祿的今文思想，但過份強調這之間的傳承則是不符合實際情形的。

2. 論〈振鷺〉主旨在於申王者之德化

「振鷺于飛，于彼西雝」，振鷺者何，《毛傳》云：「振振，群飛貌。鷺，白鳥也。」鄭《箋》云：「白鳥集于西雝之澤，言所集得其處也。興者喻杞、宋之君有絜白之德，來助祭於周之廟，得禮之宜也。」述祖以為鄭玄的說法乃合《韓詩》、《毛詩》為一。《韓詩》之說見於《後漢書・文苑傳》李賢注引薛君《章句》云：「鷺，潔白之鳥也。西雝，文王辟雝也。這文王之時辟雝學士皆潔白之人也。」《韓詩》以為西雝乃文王之雝，言文王之時，其時尚無二王之後。鄭玄則取《韓詩》潔白之義附會《毛詩》，以振鷺興潔白之士，言杞宋之君有潔白之德。然述祖則舉《周禮・大司樂》「凡六樂者，一變而致羽物。」振鷺即樂一變所致之羽物，乃樂之所致，非取義於潔白也，駁鄭玄以《韓詩》潔白取興之說。

述祖於第一卷論〈昊天有成命〉詩，據〈大司樂〉「冬日至，於地上之圜丘奏之，若樂六變，則天神皆降。……夏日至，於澤中之方丘奏之，若樂八變，則地示皆出。」之文以圜丘、方丘皆明堂之制，圜丘為水所環繞，而方丘則取〈振鷺〉西雝，以為位於圜丘之西。此處述祖又云：

> 經言西雝者，以圜丘在辟雝之中，而方丘在其西，故曰西雝。圜丘言地上者，圜丘地高，方丘地下，故別言之，其實方丘亦地上，圜丘亦澤中也。知雝即澤，澤即雝，而郊丘之禮燦然並列，不容假借明矣。疑《周官》者，其聚訟可息也。此皆明堂祀大神示之事。〔註57〕

述祖以為此乃明堂之祭，申明堂之法，所言皆明堂之事也。

〈振鷺〉詩又言「在彼無惡，在此無斁，庶幾夙夜，以永終譽」，彼無惡，此無斁，其據鄭玄云：「在彼謂居其國，無怨惡之者。在此謂來其朝，人皆愛敬之，無厭之者。」以彼為諸侯在其國，此為諸侯在天子朝，無論在何處，皆表現得體，無怨惡厭棄者。然而如此則所美乃在諸侯，因此述祖有不同看法，其云：

> 此君子知天知人之事也。彼謂二王以及五帝，此謂周。無惡謂饗其
> 祭，助其事。無數謂行其禮，奏其樂。蓋三代之祖，無不內本諸身，
> 下徵諸民，以善承天地之道而蚤有譽於天下者。所謂三重，三王之
> 禮是也。天命所授者博，不獨一姓，非夙夜不敢康盤，何以永此終
> 譽乎？彼不可使有數於此，此不可使有惡於彼。以天下之共主所自
> 勉者，唯無惡於諸侯，則其所以寡過者可知矣。〔註58〕

彼者、此者，指二王五帝之先代及周朝，而二王五帝之先代正是通三統、昭
五端之意。意謂周王若能勤行祭祀，行其禮樂，夙夜不敢康，然後監於二代，
使三王之禮得以並存，又各配其五德之終始而饗焉，如此便能永此終譽。而
諸侯與周王之間之對待亦當如這層關係，諸侯、天子彼此無數於彼，無惡於
此，行其政於天下，則天下莫不歸心。述祖之說與鄭《箋》最大的差別在於
鄭玄是歸美於諸侯，述祖則是歸美於天子，期許王政的實行，可使諸侯歸心
於王室。

四、〈豐年〉──報祭祖宗

《詩序》云：「〈豐年〉，秋冬報也。」何謂報？鄭玄云：「報者，謂嘗也，
烝也。」孔《疏》則以嘗、烝即秋嘗、冬烝之時祭，其云：「〈豐年〉詩者，
秋冬報之樂歌也。謂周公、成王之時，致太平而大豐熟，秋冬嘗烝，報祭宗
廟，詩人述其事而為此歌焉。經言年豐而多種黍稻，為酒醴以進與祖妣，是
報之事也。言烝畀祖妣，則是祭於宗廟也。」可以看出，孔穎達是依經文中
「烝畀祖妣」而申述本詩是秋嘗冬烝，報祭宗廟之詩。然而後世儒者卻有不
同意見，如蘇轍說：「報，謂秋祭四方，冬祭八蜡。〈豐年〉、〈載芟〉皆非宗
廟之詩，而曰烝畀祖妣，何也？以為所以進享先祖者，皆方蜡社稷之功。」
以為這是秋冬報祭方蜡社稷之神，非宗廟之詩。朱熹則云：「此秋冬報賽田
事之樂歌。蓋祀田祖先農方社之屬也。」朱子亦以本詩非宗廟之詩。何楷云：
「〈豐年〉，孟冬祭八蜡也。」陳奐則云：「《後箋》云：曹放齋《詩說》謂：
『季秋大饗明堂，秋祭四方，冬祭八蜡，天地百神無所不報。』今一以《序》
及經證之，似當以曹氏之說為近。」〔註59〕胡承珙云：「〈噫嘻‧序〉言春夏
祈穀，此言秋冬報，明是一祈一報相對為義。彼言上帝而不言何神者，考祈

〔註58〕同上註，頁24～25。
〔註59〕《續經解毛詩類彙編‧詩毛氏傳疏》，冊一，頁925。

穀之郊主祀上帝，則百神亦當從祀。……〈噫嘻·序〉但言上帝，舉其重者耳。此秋冬報祭，亦必自上帝百神凡有功於穀實者徧祭之，而皆歌此詩。〈月令〉季秋大饗帝；孟冬祈來年於天宗，大割祠於公社及門閭，蜡先祖五祀。鄭注皆以爲蜡。〈郊特牲〉云：『蜡者，合聚萬物而索饗之。』可見秋冬之祭甚廣，故《序》不指言何神。但經文首稱豐年，則其爲百穀成之祭，義甚明著，故《傳》亦不言何祭。……竊意秋冬報祀，取嘗新烝眾，亦名嘗烝，與廟祀之秋嘗冬烝同名而異實。《箋》以報爲嘗烝，豈亦謂四時之外別有嘗烝歟？」〔註60〕陳奐、胡承珙皆以爲本詩與〈噫嘻〉爲一祈一報之詩，〈噫嘻〉祈穀於上帝，而〈豐年〉則當報祭上帝，又因而及於凡有功於穀實者，故所祭者乃上帝百神也，且又以嘗烝之祭是另有祭典，非時祭之嘗烝。述祖所論則與胡承珙同中有異，試析如下：

1. 報祭之烝嘗非時祭說

　　《國語·魯語》云：「幕能率顓頊者也，有虞氏報焉。杼能帥禹者也，夏后氏報焉。上甲微能率契者也，商人報焉。高圉、大王能率稷者也，周人報焉。凡禘郊祖宗，報此五者，國之祀典。」韋昭注云：「報，報德之祭也。」有虞、夏后、商、周之所以報祭此五聖王，乃是由其有德也，故述祖云：

> 所謂報者，非僅以秋冬物成，歸功而稱報。〈郊特牲〉曰：「祭有祈焉，有報焉，有由辟焉。」鄭注：「報，謂穫禾報社。」亦與宗廟之報祭異。然〈魯語〉繼禘郊祖宗而言報，則報又非四時之祭，是烝嘗蓋謂大嘗、大烝，非時祭之烝嘗矣。鄭〈禮器〉注謂大饗爲祫祭先王，《周禮·司勳》注謂盤庚茲予大享于先王爾祖，其從與享之爲有功者，祭于大烝是也。要之〈豐年〉爲宗廟之祭，此詩故也。
> 〔註61〕

莊述祖的看法與胡承珙相近，他亦認爲報祭非四時之祭，鄭玄所說之嘗、烝乃大嘗、大烝，亦非時祭之嘗烝。然胡承珙以爲報祭上帝百神，是因其有功於穀實，述祖則據《國語》所云，以爲所報者乃報其德也，報何人之德，先王爾祖及有功者皆在列，則胡承珙以爲所報者，鬼神也，述祖則以爲乃報先王先公，此其不同也。又蘇轍、朱熹皆以爲此詩非宗廟之詩，胡承珙雖未明

〔註60〕　《續經解毛詩類彙編·毛詩後箋》，冊二，頁 2244～2245。
〔註61〕　《周頌口義》，卷二，頁 27。

言，但報案上帝百神，非宗廟可知。述祖既以爲報先王先公，則烝嘗仍爲宗廟之祭典。

述祖又以爲九夏所歌之齊夏，齊應作齍，齍夏謂以樂羞齍，並舉《周禮》、《儀禮》證王后、九嬪於祭祀時有贊玉齍之禮。而本詩「亦有高廩」，《毛傳》云：「廩，所以藏齍盛之穗也。」可知〈豐年〉之頌乃主宗廟之齍盛而言，故爲宗廟之祀也。

2. 解經態度過於核實，忽視詩歌藝術創作手法

〈豐年〉首章云：「豐年多黍多稌，亦有高廩，萬億及秭。」《毛傳》云：「廩，所以藏齍盛之穗也。數萬至萬曰億，數億至億曰秭。」孔穎達云：「言廩所以藏齍盛之穗者，器實曰齍，在器曰盛，齍盛謂飯食也。以米粟爲之，遠本其初出於禾穗，故謂廩之所藏爲齍盛之穗也。」《正義》據《毛傳》以爲廩所藏者即穗也。述祖則以爲廩中所藏者爲米，並非是穗，但《毛傳》明言是穗，故述祖以爲《毛傳》有誤文。其云：

> 《傳》：「廩，所以藏齍盛之穗。」穗當爲委，穗委聲相近而訛。《春秋‧公羊傳》曰：「御廩者何？粢盛委之所藏也。」何休云：「黍稷曰粢，在器曰盛。委，積也。」《穀梁傳》曰：「甸粟而內之三宮，三宮米而藏之御廩。」故〈廩人〉注云：「藏米曰廩。」〈明堂位〉：「米廩，有虞氏之庠。」注云：「虞帝上孝，今藏粢盛之委焉。」彼《疏》亦言委積，此《疏》就誤文釋之，以爲禾穗，且引〈禹貢〉納總、納銍，皆非也。《說文》云：「齍，黍稷在器以祀者。」盛黍稷在器中以祀者也。既云齍盛，即是言米，安得言穗。〔註62〕

述祖據《公羊》、《穀梁》及〈明堂位‧正義〉皆言委積，故以爲《毛傳》穗爲委之譌。

「萬億及秭」者，以萬、億、秭形容倉稟之充實，本應無甚深論。《五經算術》云：「黃帝爲法數有十等，及其用也，乃有三焉。十等者，謂億、兆、京、垓、秭、壤、溝、澗、正、載也。三等者，謂上中下也。其下數者，十十變之。若言十萬曰億，十億曰兆，十兆曰京也。中數者，萬萬變之，若言萬萬曰億，萬萬億曰兆，萬萬兆曰京也。上數者，數窮則變，若言萬萬曰億，億億曰兆，兆兆曰京也。」述祖以爲《毛傳》既云：「數萬至萬曰億」，則是

〔註62〕同上註，頁29。

以中數「萬萬曰億」之法數之，然又云：「數億至億曰秭」，若以中數之法數之，當云「數億至垓曰秭」爲是。述祖又云：

> 從億及秭，尚隔兆京垓，故言「及」，從萬至億，不必言「及」也。
> 〔註63〕

《五經算術》乃北周甄鸞所撰，其所云數有十等者，《九章算術》所言同。然此皆六朝時人作品，未必眞爲古法，述祖據之以論《毛傳》之失，未免失據。

述祖又云：

> 天子親耕藉田，以供齍盛，安得有萬億及秭之多。繼高廩而極其數言之，固謂王者九畡之田，以食兆民，取其經入，以食萬官者也，非謂高廩所藏齍盛之委，明矣。〔註64〕

述祖不以誇飾之法看待經文，遂謂詩歌稱高廩所藏有「萬億及秭」之多者，是借以形容王者養民食官之儲糧豐富，亦爲豐年之徵，非謂高廩所藏即有「萬億及秭」之數。

> 〈載芟〉爲藉田祈社稷之詩，而云萬億及秭，則不止言藉田所獲。〈豐年〉爲報祭宗廟之詩，而云萬億及秭，則不止言高廩所藏，又可互相發明也。〔註65〕

由此可見，述祖是不以文學表現手法來看待《周頌》的。詩歌以「萬億及秭」形容，明顯是誇張侈言的說法，朱熹即云：「言其收入之多，至於可以供祭祀，備百禮。」〔註66〕以「萬億及秭」形容收穫之豐，這是很正常的讚頌語，但述祖卻以爲高廩所藏豈有可能多至萬億至秭，將誇飾用語看得過於翔實，以求眞態度取代求美之修辭，於是致有此疑。因之可以看出在述祖的認知中，《詩經》是經學作品，不是文學著作，故而他表現出以微言大義的方式搜求經義的趨勢，而其結論，總是歸於聖王之治，也難怪晚清學者會隱奉存與、述祖二人爲今文《公羊》學的開山始祖。

五、〈有瞽〉──奏樂以合乎祖

1. 論《詩序》當作「合乎祖也」

〔註63〕同上註，頁30。
〔註64〕同上註，頁30～31。
〔註65〕同上註，頁32。
〔註66〕《朱子全書・詩集傳》，冊壹，頁731。

《詩序》云：「〈有瞽〉，始作樂而合乎祖也。」《釋文》云：「合乎祖也，本或作合乎太祖。」則《釋文》作「合乎祖也」。《正義》云：「定本、集注直云合於祖，無太字，此太祖謂文王也。」則《正義》本作「合乎太祖。」太祖及祖有何差別？孔穎達以太祖指文王，其云：「〈有瞽〉者，始作樂而合於太祖之樂歌也。謂周公攝政六年，制禮作樂，一代之樂功成，而合諸樂器於太祖之廟奏之，告神以知善否。詩人述其事而爲此歌焉。」既謂周公作樂，而以太祖爲文王，實有疑義。《白虎通》云：「周以后稷、文、武特七廟。后稷爲始祖，文王爲太祖，武王爲太宗。」孔穎達蓋取《白虎通》爲說也。馬瑞辰《毛詩傳箋通釋》則云：「據〈祭法〉云：『祖文王』，則文王可單稱祖。且經止言先祖是聽，不言太祖，當以無太字爲長。」〔註67〕周公以其父文王爲太祖，實不合理，若就成王而言，亦實牽強。且經但言先祖，則不當有太字，也不必專指文王，先王先公皆屬先祖之列。述祖亦有見於此，故以《釋文》「合乎祖也」爲是。其云：

> 《詩》之言先祖者，謂后稷以下，未有以文王爲先祖者。〈雝・序〉曰：「禘太祖也。」《箋》云：「太祖謂文王」，經言先祖是聽，則《序》非「合乎太祖」明矣。《正義》謂周公攝政六年，制禮作樂時，合諸樂器於太廟而作此歌。而〈武・正義〉謂與〈有瞽〉及〈酌〉或是一時之事。〈酌・正義〉又謂〈有瞽〉始作樂而合乎太祖，此亦當告太祖也。〈大司樂〉舞〈大武〉以享先祖，然則諸廟之中皆用此樂，或亦徧告諸廟也。彼《疏》亦謂先祖是后稷以下，不謂文王，其言一時之事者，謂皆周公攝政六年所作。〔註68〕

述祖亦據經文「先祖是聽」，又舉〈武〉詩《正義》，謂孔穎達亦以先祖指后稷以下，則先祖不必專指文王也，這應該是比較合理的解說。

2. 論〈有瞽〉當為納夏所奏之樂歌

述祖於第一節論〈思文〉詩時，引鄭注杜子春之語，以肆夏爲〈時邁〉，爲九夏樂歌之一。九夏者何？據《周禮》所言，九夏爲王夏、肆夏、昭夏、納夏、章夏、齊夏、族夏、祴夏、驁夏。九夏是否爲《詩經》中的樂章，一直以來沒有確論。莊述祖既以〈時邁〉爲肆夏，故此處再據〈鍾師〉鄭注引

〔註67〕《續經解毛詩類彙編・毛詩傳箋通釋》，冊二，頁1583。
〔註68〕《周頌口義》，卷二，頁33～34。

杜子春「四方賓來，奏納夏」之語，復以〈有瞽〉詩言「在周之庭」、「我客
戾止」，定〈有瞽〉即納夏之樂。他說：

> 詩於九夏當爲納夏所歌。杜子春云：「四方賓來，奏納夏。」經言「在
> 周之庭」，又言「我客戾止」，此其所取義也。〔註69〕

我客即四方之賓，在周之庭當爲天子享諸侯之禮，故述祖據杜子春所云，而
以本詩爲納夏所奏之歌，據詩歌文本設言，證據力雖不足，但仍可備一說。

六、〈潛〉——冬薦春獻之禮

1. 論〈潛〉「冬薦魚，春獻鮪」之意

《詩序》云：「〈潛〉季冬薦魚，春獻鮪也。」《禮記‧月令》言：「季冬
之月，命漁師始漁，天子親往，乃嘗魚，先薦寢廟。」又云：「季春之月，薦
鮪於寢廟。」則《詩序》之說當由〈月令〉而來。姚際恆批評說：「以秦〈月
令〉釋周詩，謬一；一詩當冬、秋兩用，謬二；上云多魚，下二句以六魚實
之，鮪在六魚之內，而云春獻鮪，謬三。」〔註70〕從經文本身來看，確實有
著這些謬誤。鄭玄云：「冬，魚之性定，春，鮪新來。薦獻之者，謂於宗廟也。」
則鄭玄蓋亦由〈月令〉立論也。孔穎達亦云：「冬則眾魚則可薦，故總稱魚，
春唯獻鮪而已，故特言鮪。」亦依〈月令〉而說。〈月令〉時代與周初相差幾
有千年，可否套用，實不必多論。然專制時代的儒家學者，鮮少能夠有此認
識，姚際恆可謂卓識也。

莊述祖並不據〈月令〉立論，而是引杜佑《通典》及〈夏小正〉所載，
展開新說，但他並非不信〈月令〉，而是以爲〈月令〉所載者非本詩之內容，
基本上他仍是認同〈月令〉之說的。述祖云：

> 杜佑《通典》引高堂隆云：「舊典，天子諸侯月有祭事，其孟則四時
> 之祭，其仲月、季月皆薦新之月也。」《序》又言春獻鮪者，《周官‧
> 㢤人》：「春獻王鮪」，獻不必薦。〈月令〉「季春薦鮪」，乃是薦新。《序》
> 不言季春，則獻鮪與薦鮪有別。《夏時經》曰：「二月丁亥，萬用入
> 學，祭鮪。」《夏時》唯郊禘言祭，則祭鮪非薦，明矣。薦以季月，
> 正祭以孟月，殷祭以仲月者，以天子之禮，先時祭而後禘也。……
> 〈潛〉爲月薦之詩。既言季冬薦魚，又言春薦鮪者。經言以享以祀，

〔註69〕 同上註，頁34。
〔註70〕 〔清〕姚際恆撰：《詩經通論》（臺北：廣文書局，1993年），頁340。

則不專指月薦。又〈潛〉與〈雝〉相次,〈雝〉則殷祭之禘也。是《序》
所謂春,非季春,又明矣。〔註71〕

薦為進時鮮食物於宗廟,獻則為祭禮之後,以牲血酌醴獻尸,則薦禮當輕於
獻禮。述祖以《詩序》言季冬薦魚,則季冬之時自指月薦之禮。但不言季春
薦鮪,但言春獻鮪,是春獻之禮不同於季春薦鮪之禮,故據〈夏小正〉以為
此乃二月祭鮪也。然則本詩季冬薦魚時歌之,仲春祭鮪時又歌之,此正與姚
際恆所云「一詩當秋冬兩用」之謬同。述祖過信《詩序》,復又根據《序》中
不甚明確之敘述,引經據典,仔細分析,美言之乃讀書精細,實則過於小題
大作。其實本詩但據經文內容來看,乃讚嘆漆沮水深而多魚,可取之以享以
祀,故而季本《詩說解頤》所言:「此周王薦魚于寢廟之樂歌也。」既明確又
不拖泥帶水,是較簡潔可從之說。

2. 論「潛有多魚」

「猗與漆沮,潛有多魚」,潛是什麼?《毛傳》云:「潛,糝也。」《韓詩》
則云:「涔,魚池。」今人多取《韓》說,孔穎達便以糝字當從木旁作椮,聚
積柴木於水中以養魚,述祖亦同意積柴養魚之說。又引《說文》以為當作罧
字,而椮潛乃轉注。以潛為養魚之水中積柴,這是無大疑問的。

述祖論潛為積柴養魚,並非專為考證名物而已,其實他是欲借此發表對
〈潛〉詩的總體評論,他說:

> 詩言太平德洽,萬物盛多,告於神明,以享以祀。與《雅》之〈既
> 醉〉、〈鳧鷖〉、〈魚麗〉、〈南有嘉魚〉相應。漆且之魚多矣,言潛者,
> 取之有節也。物雖盛多,必養之善而後敢以祭神。饗德之備,不求
> 備物,故祭則受福。福者,備也,德之無不備也。德無所不備,福
> 之大者也,此詩人善言祭之義與。〔註72〕

漆沮之魚多矣,為何只抓潛中之魚,這本應是為方便取魚而言,但述祖以為
其中存有深義,但取潛中之魚,正是取之有節的道理,而告神備物,必養之
善而後祭神。《論語‧雍也》孔子對仲弓說:「犁牛之子騂且角,雖欲勿用,
山川其舍諸?」其意即祭神之牛需經過挑選,《左傳》更有多次郊祭之牛因受
傷而取消祭典,可見告神備物實有取其善之意,由潛字而引起述祖如此闡述,

〔註71〕《周頌口義》,卷二,頁43。
〔註72〕同上註,頁44~45。

確實是善言祭之義也。

七、〈雝〉——禘祭之義

1. 論禘祭性質

　　《詩序》云：「〈雝〉，禘大祖也。」《序》以本詩爲禘祭之詩。然禘祭的涵義爲何？古今以來，爭論極大，甚至有人懷疑此禮究竟是否存在，主要是由於可徵信的文獻記載制度不明，其中存有許多矛盾不通之處，而對禘祭的解釋，以鄭玄及王肅之說較具代表性，茲列舉如下：

　（1）鄭玄以禘爲祀上帝于圓丘，以始祖配之，亦謂之大禘。《禮記・大傳》云：「禮：不王不禘。王者禘其祖之所自出，以其祖配之。」鄭注云：「凡大祭曰禘。自，由也。大祭其先祖所由生，謂郊祀天地也。王者之先祖皆感大微五帝之精以生，蒼則靈威仰，赤則赤熛怒，黃則含樞紐，白則白招拒，黑則汁光紀。皆用正歲之正月郊祭之，蓋特尊焉。《孝經》曰：郊祀，后稷以配天，配靈威仰也。」《禮記・祭法》鄭玄注云：「禘郊祖宗，謂祭祀以配食也，此禘謂祭昊天於圓丘也。祭上帝於南郊曰郊，祭五帝五神於明堂曰祖宗，祖宗通言爾。」鄭玄以祭昊天於圓丘者爲禘，祭上帝於南郊者曰郊，「禘」、「郊」同爲祀昊天或上帝之祭名。而以上帝爲感生帝，以后稷配靈威仰者，此乃《春秋緯》之說，恐不足爲憑。趙匡則改靈威仰爲帝嚳，以后稷配之，其說較可從。

　（2）王肅論禘祭意見見於〈祭法・正義〉所引之《聖證論》。王肅以禘爲宗廟五年祭之名，禘其祖之所出，以其祖配之。關於五年再祭之說，見於《公羊傳・文公二年》云：「八月丁卯，大事于太廟，躋僖公。大事者何？大祫也。大祫者何？合祭也。其合祭奈何？毀廟之主，陳于太祖；未毀廟之主皆升，合食于太祖，五年而再殷祭。」何休注云：「謂三年祫，五年禘。」《周禮・春官・大宗伯》鄭注云：「魯禮，三年喪畢而祫於大祖，明年春，禘於群廟。自爾以後，率五年而再殷祭，一祫一禘。」鄭玄以爲此乃魯禮，而王肅則以爲此即禘祭之禮，《正義》引《聖證論》云：「以此禘黃帝，是宗廟五年祭之名，故《小記》云：『王者禘其祖之所自出，以其祖配之。』謂虞氏之祖出自黃帝，以祖顓頊配黃帝而祭，故云以其祖配之。」據王肅所言，則周之禘祭將以嚳占東向之尊，后稷配祭，祖宗並陳，昭穆皆列。

　　鄭玄、王肅二人之說其差異在於對禘、郊的解釋，鄭玄以禘爲祭天之名，

郊爲祭上帝。王肅則以爲禘是廟祭之名，郊爲祭天之名

（3）除鄭玄、王肅之說外，另有四時之禘。四時之享祭先王，夏商稱夏享曰禘，周則稱礿。《禮記・王制》云：「天子諸侯宗廟之祭，春曰礿，夏曰禘，秋曰嘗，冬曰烝。」鄭注云：「此蓋夏殷之祭名，周則改之，春曰祠，夏曰礿，以禘祭爲殷祭。」

四時之禘爲夏商之稱，且鄭玄明確表示本詩之禘「大於四時而小於祫」，故四時之禘當非〈雝〉詩之禘，此可不論。而在分析鄭玄、王肅之說後，再看看述祖對本詩的說法：

> 〈雝〉序曰：「禘大祖。」大祖謂祖所自出。帝，天號也。祭祖所自出，而謂之禘，即孫卿所言王者天大祖是也。尊不就卑，祭始祖所自出，不得在始祖之廟，故祭之於明堂，以始祖配之，而有功德，廟不毀者與食焉。此禘之可徵於經者也。〔註73〕

述祖以爲大祖是始祖所出。周之始祖爲后稷，則始祖所出爲帝嚳，祭大祖不在始祖之廟，而在明堂，以始祖配之。而群廟有功德不毀者與食焉。《禮記・大傳》云：「禮：不王不禘。王者禘其祖之所自出，以其祖配之。」《禮記・喪服小記》所論同，述祖乃據其說也。述祖此說乃針對幾項問題而發，論述如下：

（1）以大祖為帝嚳：

對於《詩序》所謂禘大祖之大祖，述祖以爲祖所自出，即帝嚳。《毛傳》無說，清代宗毛爲主的陳奐則以爲是后稷，《詩毛氏傳疏》云：「此時禘后稷之樂歌也。……《序》云禘大祖。大祖，后稷也。周以文武爲受命之祖，以后稷爲肇封之祖。立后稷爲大祖廟，故唯后稷稱大祖。」〔註74〕鄭《箋》則以大祖爲文王。陳喬樅則以爲三家詩有以大祖爲文王者，鄭《箋》蓋依三家爲說。而朱子則以本詩爲武王祭文王之詩，並不以爲禘祭，放棄《序》說。

鄭玄以大祖爲文王，蓋據《國語》所言：「周人禘嚳而郊稷，祖文王而宗武王。」文王既稱祖，則大祖蓋亦文王也。然揆之周初情事，此說與事實難合。〈清廟〉之詩已言祀文王，本詩又禘文王，豈不重覆。況據〈大傳〉及〈喪服小記〉所言，禘祭爲禘祖所出，其祖配之，則大祖若爲文王，則配祭者唯武王而已。且成王之時，至少上立四親廟，文王爲王考廟，其上仍有王季之皇考廟及大王之顯考廟，禮尊不就卑，豈有王季及大王合食於文王廟之理邪？

〔註73〕同上註，頁 51。
〔註74〕《續經解毛詩類彙編・詩毛氏傳疏》，冊一，頁 927～928。

故大祖不得以文王當之，其理自明。至於鄭玄以后稷配靈威仰，趙匡以后稷配嚳，不兼群廟之主，然觀詩歌內容，但歌詠文王，並無言及稷、嚳之語，以帝嚳、后稷爲大祖者，必需面對詩歌何以不歌祭主的質疑，故朱熹放棄《序》說，以爲武王祭文王之詩。

（2）以有功德及未毀者配食：

趙匡以爲禘祭不兼群廟之主，王肅則以爲禘祫合一，群廟皆升。述祖基本立場亦同王肅，然而王肅以爲未毀廟亦升，述祖則只限於廟不毀者及有功德者可與食。然則此詩亦有問題，惠周惕（?～1669）便曾針對王肅之說提出駁難：「王謂合群廟之主，則嚳宜占東向之尊，稷退子孫之位，將以稷爲穆邪？爲昭邪？抑虛昭之位而不居邪？吾不得而知也。趙謂后稷配嚳，則〈雝〉爲禘祭，樂章歌文王，而不歌后稷，不應歌其所不祭，祭其所不歌也。」〔註75〕惠周惕所言有理。關於周代宗廟制度，有五廟、七廟、甚至九廟之說。〈王制〉云：「天子七廟，三昭三穆，與大祖之廟而七。」〈祭法〉亦云：「王立七廟。……曰考廟，曰王考廟，曰皇考廟，曰顯考廟，曰祖考廟。……遠廟爲祧，有二祧。」《荀子·禮論篇》亦云：「有天下者事七世，有一國者事五世，有五乘之地者事三世，有三乘之地者事二世，持手而食者不得立宗廟。」荀子所言，當係先秦舊說，與〈王制〉合，故七廟制應是較爲可信的。故大祖之廟祭后稷，后稷並不入昭穆之位，若如王肅所說，以嚳占東向之尊，則后稷將安排在何位邪？若安排在昭位，則所有廟主之昭穆皆需更動，若安排在穆位，又無此理。是王肅之說進退皆失據也。

（3）以爲禘祭行於明堂：

朱子《辨說》云：「今《序》云禘大祖，則宜於禘嚳於后稷之廟。」〔註76〕述祖對此說不以爲然，他以爲帝嚳尊於后稷，尊不就卑，不得於后稷廟祭之，故只得於明堂行之，以后稷配祭，群廟未毀之主合食之。述祖又進一步以爲此明堂乃豐之明堂，非洛邑之明堂，其云：

> 何以知豐邑之辟雍，詩所歌者，文王受命，始舉禘祀之事也。故〈雝〉與〈潛〉相次。〈潛〉言漆沮，則非洛邑，故知〈雝〉之禘大祖，亦非洛邑也。〔註77〕

〔註75〕〔清〕惠周惕撰：《皇清經解毛詩類彙編·惠吉士詩說》，頁424。
〔註76〕《朱子全書·詩序辨說》，冊壹，頁398。
〔註77〕《周頌口義》，卷二，頁53。

述祖以爲〈雝〉乃文率臣下行禘祀之事，洛邑築於成王時，則文王無由於洛邑行祭典，故當於豐之明堂實施。但述祖對詩歌何以是文王主祭並未說明。然而述祖雖以禘祭行於明堂，未毀之主皆合食焉，但依舊將面臨上述之難題，即后稷之位究應排在何處？無論排在何處，會排擠到原來的昭穆次序。述祖雖試圖避開禘於后稷廟的爭議，故雖以爲於明堂行禘礜之禮，然仍有未能解決之爭議。

2. 申述鄭、孔對「穆穆之容」之釋義

詩言：「有來雝雝，至止肅肅，相維辟公，天子穆穆。」鄭玄以雝雝、肅肅爲助祭諸侯之容：「雝雝，和也；肅肅，敬也。」而既言天子穆穆，則穆穆乃是天子之容。孔穎達申之云：「有是從本國而來，其顏色雝雝然而柔和。既至止於此，則容貌肅肅然而恭敬。助祭事者，維爲國君之諸公。於是時天子之容則穆穆然而美，言助祭者敬和，祭者又美，賓主各得其宜。」述祖對「雝雝」、「肅肅」諸侯之容未置一詞，但對天子「穆穆」之容則發表一段評論：

> 諸侯朝覲天子，天子惟道德昭穆穆以示之，此臨眾之儀，非承親之禮。詩言穆穆者，言文王始受命，諸侯來朝，率以祀其先祖。〈梓材〉所謂「亦既用明德，后式典集，庶邦丕享」是也。〈祭義〉曰：「文王之祭也，事死者如事生，思死者如不欲生。祀之忠也。如見親之所愛，如欲色然，其文王與。」故知穆穆非臨祭之容。《正義》得之。
> 〔註78〕

臨祭之時，禮容自然哀戚，而此言穆穆，故非臨祭之容也。《正義》以爲與諸侯交接時，天子所展現愼重威嚴之容貌，述祖亦同意之。

八、〈載見〉——祀於武王廟

1. 論「始見武王廟」之意

〈載見・詩序〉云：「諸侯始見乎武王廟也。」《正義》云：「周公居攝七年而歸政成王，成王即政，諸侯來朝，於是率之以祭武王之廟，詩人述其事而爲此歌焉。」又云：「武王之崩至於成王即政，歷年多矣，立廟久矣，諸侯往前之朝，已應嘗經助祭，於此乃言始見於武王廟者，以成王初即王位，萬事改新，成王之於此時親爲祭主，言諸侯於成王之世始見武王，非謂立廟以

〔註78〕同上註，頁 53。

來諸侯始見也。」《正義》的重點以為本詩乃周公致政成王，成王率諸侯祭於武王之廟。於時武王已死七年，而言始見者，指成王即政之後始見於武王廟，非謂立廟之後始見武王廟也。孔《疏》以始見為成王即位，萬事改新，故見於武王廟為「始見」，此說實無理，然則康王之後，萬事又再改新，豈又要再言始見耶？朱熹便以為〈載見〉不當為始見，云：「載，則也。發語辭也。」然這種說法迴避了始見武王廟時間上的問題，亦與《毛傳》古訓不合。陳奐則以為詩歌既言「載見辟王」，則不當在武王死後七年才言「始見」，否定孔穎達周公致政時的說法，陳奐《詩毛氏傳疏》云：「成王之世，武王廟為禰廟。武王主，喪畢入禰廟，而諸侯於是乎始見之，此其樂歌也。」〔註79〕據陳奐所言，本詩當為武王死後，入禰廟時所歌，時間當在成王三年。

　　述祖則以〈烈文〉、〈我將〉為宗祀文王於明堂之時，諸侯助祭之詩，而〈天作〉、〈臣工〉、〈載見〉、〈有客〉皆成王在洛邑烝祭太廟、宗祀文王之時所歌詠的一連串組曲，是依時間進行順序排列的。述祖云：

> 此言諸侯始見乎武王廟者，以見新邑之考宮，故言始也。先言載見辟王，是成王受諸侯之朝，已見乎文王廟矣。又特言率見昭考，故知始見乎武王廟。不言始見乎文王廟者，諸侯之來助祭，本以宗祀明堂，尊文王以配上帝，故〈我將〉特言祀文王於明堂，〈烈文〉曰辟公載見。又曰辟公，皆祀文王於明堂之事也。若言始見乎文王廟，是但指諸侯來朝而言，故舉重以見輕也。言始見考宮，則太廟、宗宮可知矣。〔註80〕

述祖以為《序》所以言始見武王廟者，乃新邑考宮落成，諸侯新見此廟故言新見也。而諸侯之所以聚於洛邑者，乃為行明堂宗祀文王之典而來，據《尚書大傳》謂周公：「一年救亂，二年克殷，三年踐奄，四年建侯衛，五年營成周，六年制年作禮，七年致政成王。」則本詩當作於成王六年之初，非《正義》所言周公致政成王之時，亦非陳奐所言成王三年武王喪畢入禰廟時也。諸侯既為祭文王而來，則必然曾見於太廟及宗宮，故言見武王廟，則文王廟及太廟便可知也。依述祖之說，則《詩序》「始見乎武王廟」，意為始見武王之廟，而非始見於武王廟。諸侯始見洛邑新成之武王廟，故歌詠此詩，而言見武王之廟，則文王之廟及太廟亦當見過，如其所言，則〈載見〉乃為為歌

〔註79〕《續經解毛詩類彙編·詩毛氏傳疏》，冊一，頁929。
〔註80〕《周頌口義》，卷二，頁56～57。

－260－

詠武王廟建築之詩，乃詠武王新廟而作，與〈閟宮〉主旨似雷同。然〈閟宮〉對建築之由來、特色，均有說明介紹，而觀〈載見〉之詩，實與祭祀有關，對於建築特色並未著墨，則述祖以為始見洛邑新廟而詠，仍有爭議存在。

2. 論諸侯來見非為求文章制度，而是受天子之教也

　　述祖論〈載見〉詩歌內容時，繼續針對鄭《箋》及《正義》進行批判。《正義》云：「毛以為諸侯始來朝而見君王，作者美而述之。曰此等皆能自求其章，謂能內脩諸己，自求車服、禮儀、文章，使不失法度。」又云：「諸侯謹慎奉法，即是自求其章，旂鈴是在車之物，故知車服、禮儀、文章、制度也。」孔疏乃是依鄭《箋》：「曰求其章者，求車服禮儀之文章制度也」而言，其意以諸侯所以來求者，乃禮儀制度。述祖據《墨子》引本詩「載見辟王，彼求厥章」而云：

> 古者諸侯以春秋來朝聘天子之廷，受天子之嚴教，退而治其國，政之所加，莫敢不賓。當此之時，本無有敢紛天子之教者，則非求車服禮儀之文章制度明矣。〔註81〕

鄭、孔是對「章」作出具體解釋，故以為諸侯所求者乃禮儀制度，而述祖則以為諸侯進受天子之教，則所求者，治國之大道也，禮儀制度乃在其次，明顯否定鄭玄及孔穎達的解釋。

3. 論率諸侯祭祀者為成王

　　鄭《箋》云：「至祭時，伯又率之見於武王廟，使助祭也。」《正義》亦云：「於祭時，伯又率之見於武王廟使助祭也。以〈顧命〉畢公、召公為二伯，率諸侯，故知此亦伯率之也。」鄭玄、孔穎達又以諸侯朝見天子，乃由「伯」所率領，此「伯」為誰？兩人並未指出，然孔穎達既以本詩為周公歸政成王而見於武王廟之詩，周公歸政後，當即回復二伯身份，則此伯或有可能即周公，然亦未可知。述祖則又反對《正義》之說，他以為率諸侯者乃天子本人，述祖云：

> 言率見者，謂天子率諸侯而見考宮也。《箋》言伯率之，如〈顧命〉召公率西方諸侯，畢公率東方諸侯，其實天子自率之也。〈朝事記〉曰：天子冕而執鎮圭，撮大圭，乘大客，建太常，率諸侯而朝日東郊，所以教尊尊也。退而朝諸侯。又曰率而祀天於南郊，配以先祖，

〔註81〕同上註，頁58。

所以教民報德，不忘本也。率而祀於太廟，所以教孝也。無率諸侯
見乎禰廟之禮，此以洛邑新位五宮，太廟、宗宮、考宮並爲不毀之
廟，祀於太廟則有〈天作〉，宗祀明堂則有〈我將〉，故《序》於此
特言諸侯始見乎武王廟也。言始者，謂諸侯來朝，天子率而見乎考
宮，其禮始乎此也，重其禮之始也。〔註82〕

述祖以爲天子率諸侯見於禰廟，乃成王始創之禮。其實亦不必如此說。〈顧命〉
召公、畢公率東西諸侯者，乃爲見新王也，而本詩並非伯率諸侯見成王，乃
是見武王之廟，則《正義》舉〈顧命〉爲證，未免失據。再者，鄭玄、孔穎
達蓋延續〈清廟〉周公率諸侯祀文王之觀點，謂東西二伯率諸侯，從周公祀
文王，故此處繼續以二伯率諸侯說之。然二伯率諸侯從周公祀王，不啻等於
周公率諸侯耶？述祖爲維護周公純臣形象，當然不可能以爲是周公率諸侯見
於武王廟，故而率諸侯者，乃成王自率之。否則二伯率諸侯祭於武王廟，成
王若未在場祭自己的父親，成何體統。若成王在場，則二伯率諸侯者，即相
當於成王率二件，且鄭玄亦言伯率諸侯，使助祭也，助祭當然是助成王，故
鄭玄是以成王爲祭主也。然則鄭玄、孔穎達乃就東西諸侯而言，故言伯率之，
述祖則就全體諸侯言，故言成王率之。著重面不同，故所言亦有差別，實際
情形應爲成王爲祭主，二伯率諸侯從成王祭祀也，故可言伯率之，亦可言成
王率之。

九、〈有客〉──殷後助祭之含意

傳說武王克殷之後，封武庚祿父以續殷祀，後三監叛亂，周公殺武庚，
改立微子於宋，以存殷後。武王、周公之所以採取這種措施，自有當時政治
情勢上的考量，但這種紹續前代的作法，卻深受儒者讚揚，於是有《公羊傳》、
《春秋繁露》的通天三統之說，示王者尊先聖之義。而本詩〈有客〉，《詩序》
云：「微子來見祖廟也。」微子乃紂王之庶兄，封微子於宋，使其可爲客以敵
周王，正是王者存前代之後最佳見證，故特著詩歌以美之。

1. 微子助祭乃示天下歸心也

〈有客〉詩之所以頌讚微子者，《正義》曰：「爲周太平之歌，而述微子之
美者，言王所封得人，即爲王者之美，故歌之也。」孔穎達以所封得人讚微子，

〔註82〕同上註，頁59。

實即讚王者之德，朱公遷《詩經疏義》云：「〈有客〉一詩，既足見微子之賢，尤足以見周家之厚。」而述祖亦以爲微子來歸，乃示周德之至也。其云：

> 蓋武王立武庚，存殷祀而箕子歸，成王瑟殷民，作洛邑而微子來，
> 殷之仁人莫不來歸，然後知周之德之爲至也。〔註83〕

周德之至者，在於能存二王之後，使服其服，行其禮樂，乃至能稱客而朝。試觀中國歷史上各朝代，自晉魏之後，無不視前代故主遺育，如芒刺在身，必除之而後快，乃至有「生生世世無生帝王家者」之悲嘆，因此周代存前朝之後的美德，在儒者的眼中，是至高無上，值得歌頌一番的，於是讚美微子便是讚美周王，微子來歸，則天下之心皆歸周可知也。

　　〈有客〉既爲微子來助祭之詩，然則助何祭也？《正義》以爲《詩序》未言，經文亦未指出，故無得而知之也。然〈振鷺〉詩言：「我客戾止」，我客亦爲二王之後，與〈有客〉之微子同，則或爲一時之事。然述祖以爲〈振鷺〉乃夏日至祭方丘之事，而〈有客〉與〈載見〉乃正月日至，宗祀文王時事，故不得與〈振鷺〉同時，駁斥孔《疏》。

2. 以通三統說申毛駁鄭

　　〈有客〉詩言：「有客有客，亦白其馬」，亦字何意，《毛傳》云：「亦，亦周也。」鄭《箋》云：「亦，亦武庚也。」《正義》釋《傳》云：「言亦白其馬，則是一代所尚，宜以代相亦，故云：亦，亦周也。」則毛公之意爲周朝尚赤，而微子騎馬而來，亦如我周尚赤，亦尚其舊朝殷之白色，故騎白馬。《正義》又釋《箋》意云：「以亦爲亦武庚者，此自周人而言有客，爲彼此之勢，則是據周爲辭，不宜反言亦己，故爲亦武庚也。」鄭玄以爲武庚曾騎白馬而來，今微子亦騎白馬而來故言亦。然詩主美微子，武庚是時已兵敗身死，以微子比況武庚，近於不類。述祖云：

> 《尚書大傳》曰：王者存二代之後，與己爲三，所以通三統、立三正，則亦爲亦己可知，故曰亦周也。《箋》謂亦武庚，非。何休《公羊解詁》云：「亦者，兩相須之意。」皇侃《論語義疏》云：「亦，重也。」微子已代武庚爲殷後，不得言重，亦無兩相須之意，當從《傳》意爲長。〔註84〕

〔註83〕同上註，頁61～62。
〔註84〕同上註，頁64。

述祖以《公羊》家通天三統之說爲據,是夏、商、周三代可言亦,故當從《毛傳》云亦周也。

十、〈武〉——「未盡善」之意函

1. 分別〈象〉、〈武〉之名義

　　述祖在對第一節論〈維清〉詩時,已表達他對〈象〉及〈武〉詩的看法,他認爲〈象〉即〈三象〉,〈象武〉則爲合〈大武〉六終與〈三象〉三終而成之樂曲,可統謂之〈大武〉,但謂〈象〉即〈大武〉則不可。此處述祖又繼續重申論〈象〉、〈武〉之分別,他以〈大武〉作於武王時,〈象舞〉作於成王時,皆爲周公所作:

　　　　〈大武〉作於武王時,〈象舞〉作於成王時,皆周公所作。〔註85〕

周公各於武王及成王之時作〈武〉及〈象〉,然卻不可謂〈象〉及〈大武〉爲成王、周公之樂,必需推本其所歌頌之源爲文王、武王之樂方可,此乃明君臣父子長幼之道也。然而學者或有據〈明堂位〉「升歌〈清廟〉,下管〈象〉」之言,以爲一升一下當有父子尊卑之分,然〈清廟〉、〈象〉若皆爲文王之詩,不應有一上一下之分,則〈象〉應爲武王之詩,鄭玄、孔穎達皆持此種看法,疑〈象〉非文王之事,述祖則反駁云:

　　　　下管〈象〉,舞〈大武〉者,歌者在堂,舞者在庭,故曰升歌下管。
　　　　其升歌也,不以鐘鼓竽笙之聲亂人聲;其下管也,〈維清〉奏〈象
　　　　舞〉,〈武〉奏〈大武〉,以管播其聲於堂下,是以一升一下,又何
　　　　疑於〈象〉非文王之事乎?故謂〈象〉爲武樂、武詩者,皆鄭之誤
　　　　也。《周頌》之次,始以〈清廟〉、〈維天之命〉、〈維清〉,皆成功致
　　　　太平德洽之詩,以嘉文王之德,所謂〈三象〉也。升歌之後,然後
　　　　舞象箾南籥焉,是謂象樂,奏以象詩,皆文王之德也。〈象舞〉三
　　　　成之後,又舞〈大武〉六成,是謂武樂,奏以武詩,皆武王之事也。
　　　　〈文王世子〉、〈明堂位〉、〈祭統〉:〈象〉言下管,〈大武〉言舞,
　　　　互文見義。至〈仲尼燕居〉則象舞皆這下管,其不得以此證〈象〉
　　　　爲〈武〉詩明矣。〔註86〕

所謂上下之分者,乃歌者、舞者之不相亂,非所謂父尊子卑而有上下之分。

〔註85〕同上註。
〔註86〕同上註,頁 66～67。

且據《周頌》篇次來看，〈清廟〉、〈維天之命〉、〈維清〉當爲歌頌文王之德的組曲樂歌，故謂之〈三象〉。述祖論〈維清〉詩時以〈三象〉成王伐淮夷功成後命周公所作，但其需推本於文王之德，並非歌頌成王伐淮夷之樂歌。故〈三象〉爲太平德洽之時，嘉頌文王之德而作。〈象〉舞三成之後，繼舞〈大武〉六成，述祖以爲先〈象〉後〈武〉者，其意義在於：

> 所謂正君臣之位，貴賤之等，而上下之義行者。合眾以事，達神以
> 德，一升一下之義，又何疑焉。〔註87〕

文武相繼，蘊含深義，故不得謂〈象〉爲武王之詩也。

2. 「〈武〉未盡善」之討論

《論語・八佾》篇載：「子謂〈韶〉：『盡美矣，又盡善也。』謂〈武〉：『盡美矣，未盡善也。』」何以〈武〉詩未盡善？孔安國注云：「〈武〉，武王樂也，以征伐取天下，故未盡善。」朱子《論語集注》引程子之言云：「成湯放桀，惟有慙德，武王亦然，故未盡善。堯、舜、湯、武，其揆一也，征伐非其所欲，所遇之時然爾。」程朱以「時然爾」評〈武〉之未盡善，蓋謂武王以征伐取天下，有無可奈何之意，論其心志，則與堯舜皆同，非有征伐之心也。述祖接受程朱的說法，其云：

> 〈武〉但言伐紂而殷亡而已，其於克殷以後之事，無一語及焉，則
> 〈武〉之未盡善，周公豈不謂然。〈武〉之未盡善，聖人所遇之時也。
> 文王開之，武王受之，苟時之未至，聖人雖自彊，猶未能逮及前人
> 而嗣其跡，作樂以美其功業之致，定六成，復綴以崇，則〈武〉之
> 未盡善，武王豈不謂然。〔註88〕

〈武〉詩但言伐紂克殷，是言兵戰之事，就詩詞言，自屬未盡之善。而述祖以爲就武王、周公之聖智，又豈會不知〈武〉詩之未盡善耶？又豈會不知以武力征伐之未盡善耶？於是武王、周公立武庚，善待殷之遺民，其因便出於此。《尚書大傳》云：「武王入殷，周公曰：『各安其宅，各田其田，做故惟新，唯仁之新。』」《尚書・多士》曰：「惟爾洪無度；我不爾動，自乃邑。予亦念天即于殷大戾，肆不正。」此皆武王、周公爲彌補此未盡善之舉。

據此，述祖又對〈多方〉所言：「天惟五年須暇之子孫，誕作民主；罔可

〔註87〕同上註，頁67。
〔註88〕同上註，頁69。

念聽。」之「須暇」作出新解。〈多方‧正義〉云：「從武王初立之年，數至伐紂，爲五年。文王受命九年而崩，其年武王嗣立，服喪三年，未得征伐，十一年服闋，乃觀兵於孟津，十三年方始殺紂。從九年至十三年，是五年也。」屈萬里先生針對此處解釋云：「按：孔氏乃據武王十三年伐紂之說言之。而《竹書紀年》、《史記‧齊世家》，皆謂武王十一年伐紂（〈周本紀〉則作十二年），史家多主此說。故孫氏《注疏》，以爲自文王七年數至武王十一年。然未詳言其故。蔡氏《集傳》云：『五年必有指實而言，孔氏牽合歲月者，非是。』竊疑此五年與後文之『臣我監五祀』之五祀，所指者爲同一事。志之，以俟知者。」〔註89〕屈先生未對須暇五年之說作出確定評斷，但他以須暇五年與臣我監五祀爲同一事，當皆指克商之後之事，非須暇紂惡也。此說則述祖已開之，其云：

> 武王克商後，二年有疾，周公作〈金縢〉，又三年而崩，爲五年也。
> 須夏者，寬假以待之也。武王須夏之紂之子孫，非須夏之紂也。《箋》
> 謂不汲汲於誅紂，須暇五年，失事實矣。〔註90〕

述祖蓋亦知武王須暇紂王五年的時間，則與諸史傳之說不合，故述祖據〈金縢〉所言，以武王克商至亡故之日，共在位五年，此五年即須暇之五年，而須暇之對象爲殷商遺民，並以此彌補征伐取天下之未盡善之憾！

第三節　《周頌‧閔予小子之什》

一、〈閔予小子〉——周公辟居問題

1. 論周公無辟居之事

　　《尚書‧金縢》載：「武王既喪，管叔及其群弟乃流言於國，曰：『公將不利于孺子。』周公乃告二公曰：『我之弗辟，我無以告我先王。』周公居東二年，則罪人斯得。」對於周公居東之事，歷來解釋不一。〈七月‧序〉云：「周公遭變。」鄭《箋》云：「周公遭變者，管蔡流言，辟居東都。」孔穎達《疏》云：「居東者，出處東國待罪，以須君之察己。」鄭玄以居東爲居東都，孔穎達以居東爲出處東國，居東究竟指何處？述祖指出其可能之處爲：

〔註89〕屈萬里撰：《尚書集釋》（臺北：聯經出版事業公司，2001 年），頁 217～218。
〔註90〕《周頌口義》，卷二，頁 69。

> 所謂東都者，謂洛邑邪？〈康誥〉曰：「周公初基，作新大邑于東國
> 洛。」明三監畔之時，無洛邑也。謂魯邪？《書‧柴誓‧序》曰：「魯
> 侯伯禽宅曲阜，徐夷並興，東郊不闢。」即三監及淮夷畔之時，周
> 公未聞之魯也。謂商邪？墨翟書曰：「周公作，關叔辭三公，東處於
> 商。」商爲武庚所封國，〈多士〉所謂我不爾動自乃邑是也。周公豈
> 得辟居於畔國乎？〔註91〕

述祖據《尚書》、《墨子》記載，否定東都爲洛邑、魯國及殷商等地，其意是
周公不曾居東都辟成王也。《史記‧魯世家》云：「周公恐天下聞武王崩而畔，
周公乃踐阼代成王，攝行政當國。管叔及其群弟流言於國曰：『周公將不利於
成王。』周公乃告太公望、召公奭曰：『我之所以弗辟而攝行政者，恐天下畔
周，無以告我先王。太王、王季、文王三王之憂勞天下久矣，於今而後成。
武王早終，成王少，將以成周。我所以爲之若此。』於是卒相成王，而使其
子伯禽代就封於魯。」太史公不以周公有避居之事。莊述祖則據《史記》記
載，以爲周公未嘗離開成王，其云：

> 舜避堯之子矣，禹避舜之子矣，伊尹、周公未嘗辟太甲、成王，何
> 也？恐天下之畔太甲、成王，而歸伊尹、周公，如舜、禹也。然舜、
> 禹不能爲伊尹、周公者，堯已孫位於舜，舜已孫位於禹，天下皆知
> 其禪讓之事矣，舜、禹所不得辭。謂之辟者，特不居其宮，不逼其
> 子云爾。伊尹相湯，其詳不可得聞。武王兄弟相後之命，周公泣涕
> 共手之辭，載在金板，藏於郊宗。武王既命周公，立成王爲後嗣，
> 啓籥紬書，小子誦與聞之，二公亦與聞之，而天下皆莫之知也。知
> 其事者，以爲周公當辟，如益之辟啓而已矣。不知周公所處之地，
> 周公所際之時，非益之時與地也。三王命之矣，武王命之矣，而成
> 王與二公猶未之知，故周公必自明其弗辟之故，是〈金縢〉之居東
> 即東征無疑也。〔註92〕

述祖以爲周公之所以不辟成王者，是周公恐怕虞夏之時，天下不歸丹朱、
商均，而歸於舜、禹的歷史重演，擔心若出居避嫌，則天下或有可能不歸於
成王，而歸於周公也。周公之顧慮是否眞爲如此，難以確定。實則當時天下
初定，殷商遺民尚未完全服心，周公若貿然下臺，勢必使得局勢更加兇險，

〔註91〕同上註，卷三，頁4。
〔註92〕同上註，頁3。

因此當不致於做出辟居的決定。而綜合《史記》來看，周公告二公之語，其
意當爲「我之所以不避諱流言，而繼續攝政者，實恐天下畔周也。若天下畔
周，我則無顏面對先王也。」周公採取積極的態度面對流言，這方是一個理
智的政治家所應爲的。然〈金縢〉既言居東，是周公確實離開成王身邊，故
述祖以爲居東即東征，並駁斥周公辟居之說。其云：

> 東征之役，周公遭變，《豳風》由是而作。成王未迎周公以前，詩人
> 且刺朝廷之不知，豈有周公辟居待罪，而成王、二公處之若無事者，
> 乃列以爲周太平之歌乎？蓋武王三年喪畢，周公然後東征，嗣王朝
> 廟之時，周公尚未東征也。維時邦君御事，則有考翼不可征之說矣。
> 周公獨斷然行之，此豈辟居待罪者所能行乎？伯禽宅曲阜而徐方遂
> 寇，故東征有淮夷而無徐戎。周公既辟居矣，則魯公之宅曲阜又孰
> 使之乎？由學者不明周公相成王之事，妄爲攝政改元之說，妄爲周
> 公權稱王之說，妄爲呼成王爲孟侯之說，推而極之，不得不妄爲周
> 公辟居待罪之說，又妄爲成王賜周公天子禮樂之說。邪說橫議，顛
> 倒經文，爲後世亂臣賊子所藉口，豈不悲哉？〔註93〕

述祖是以周公爲聖德代表，其聖德表現在於始終純臣於成王，未辜負武王之
托孤，故不可能有僭越之舉。而關於周公攝政稱王等相關記載，皆是邪說橫
行，最終將爲亂臣賊子之藉口，而究其來源，則是戰國以來，墨翟、尸佼、
荀卿、蒙恬等人借古人以喻當時，其所言周公之事非爲眞實情事，而至王莽
之時，劉歆更變亂經說，遂使「邪說」橫議，顛倒經文。乾嘉時期，帝王專
制，權力強大，述祖受傳統觀念及其爲帝王之師的大伯莊存與的影響，不可
能容忍這些「邪說」的流行，故《周頌口義》中處處可見君臣份際之明顯區
別，這也是述祖政治思想相當重要的一部份。

　　然而以「居東」爲興師東伐，在語意上似仍有疑義。楊朝明在其《周公
事跡研究》一書中便云：「周公既然欲懲治爲亂之人，則其居東便不會完全是
閒居、迴避，而應該是爲東征作準備，即查訪致亂之源。」〔註94〕楊朝明以
居東爲調查亂源，爲東征作準備，又以罪人斯得爲終於查得危害周朝的罪人，
其說似有理。然此皆後人就已明白之歷史發展事件而作出之推論。若就周公
當時處境而言，周公遭受流言毀謗，又豈能立刻知道流言來自東方，又怎會

〔註93〕同上註，頁 8。
〔註94〕楊朝明撰：《周公事跡研究》（鄭州：中州古籍出版社，2002 年），頁 142。

跑到東都立刻作起東征準備。楊朝明居東爲東征作準備之說，是已經知道將有三監之亂，先預設立場而作之推論。《尚書大傳》云：「奄君薄姑謂祿父曰：『武王既死矣，成王尚幼矣，周公見疑矣。此百世之一時也，請舉事。』然後祿父及三監叛。」細推當時情勢，武王初喪，成王年幼，周公見疑，此確眞乃百世一時也，不於此時舉事，更待何時。又豈有多須暇二年，待周公查出流言造謠者方起兵叛亂之理，則居東當即東征無疑。

2. 論成王以成功歸文武，不敢自專其名

述祖雖以《周頌》皆作於周公、成王之時，然其歸美皆本於文王、武王，故〈閔予小子〉雖然爲成王喪畢之語，但所述者亦推源於文武之業，崇大化之本。述祖引《齊詩》申論云：

> 《齊詩》匡衡說引《詩》「嬛嬛在疚」，言成王喪畢，思慕意氣未能平也。蓋所以就文武之業，崇大化之本也。又引《詩》「念我皇祖，陟降庭止」，言成王常思祖考之業，而鬼神佑助其治也。又以爲昔者成王之嗣位，思述文武之道，以養其心。休烈盛美皆歸之二后，而不敢專其名。是以上天歆享，鬼神祐焉，其道成王所以用心者，至矣。〔註95〕

匡衡引《詩》出自《漢書·匡衡傳》，而《詩序》云：「〈閔予小子〉，嗣王朝於廟也。」鄭玄亦以爲除武王之喪，蓋取《齊詩》同以本詩爲成王喪畢之詩。成王雖已除喪，但言語猶似仍在喪中，是其能思念文武之德業也，此即《正義》所云：「維我之小子，當早起夜臥，敬愼而行此祖考之道也。」

述祖又以爲詩歌篇次順序的安排，其中亦含有成王尊奉文武功業的深義，述祖云：

> 〈武〉奏〈大武〉，其卒章曰：「耆定爾功」，不更贅一辭，讀者以爲〈大武〉告成之詩，而不知周公之創巨痛深於寶命之墜也。周公以爲武志一日未畢，則成王之喪不可一日除，朝於廟，謀於廟，群臣進戒，皆繫之以未除喪，曰予小子之稱，次〈武〉而讀之，有不爲之流涕者，豈得謂仁人孝子乎？〔註96〕

〈武〉詩爲爲奏〈大武〉之樂歌，是表讚武王之功業。而〈閔予小子〉之所

〔註95〕《周頌口義》，卷三，頁6。
〔註96〕同上註，頁6～7。

以次於〈武〉後，述祖以爲隱含周公對成王克紹箕裘的期許，於是仁者之心，孝子之情皆於次序的安排上表露無遺。

二、〈訪落〉──謀廟之事

1. 論謀廟乃謀東征之事

《詩序》云：「〈訪落〉，嗣王謀於廟也。」前詩〈閔予小子〉言朝於廟，此言謀於廟，《正義》以爲乃成王朝廟之後又與群臣謀事，述祖亦同意《正義》之說。然所謀者何事？鄭《箋》云：「成王始即政，自以承聖父之業，懼不能遵其道德，故於廟中與群臣謀我始即政之事。群臣曰：當循是明德之考所施行。」以爲所謀者，乃即政之事，欲成王遵昭考武王之道。朱熹《集傳》亦云：「成王既朝於廟，因作此詩，以道延訪群臣之意，言我將謀之於始，以循我昭考武王之道。」〔註97〕朱子亦以所謀者爲延訪群臣之意見，談論如何繼率武王之功業。此皆泛說治國之道。王先謙則云：「黃山云：三年之喪二十五月而畢，成王即吉，甫逾二年也。《尚書大傳》曰：周公攝政，一年救亂，二年克殷，三年踐奄，四年建侯衛，五年營成周，六年制禮作樂，七年致政成王。東征三年，踐奄而後歸，與《豳詩》說合。三監之變，公親政刑焉，骨肉摧殘，正成王所謂家難也。訪落之時，公既未歸，難猶未已，惟其不堪多難，故訪群臣而謀之。」〔註98〕黃山以爲成王與群臣謀於武王廟者，正爲三監亂起而與君臣商對策。述祖亦云：

> 當日廟謨，孰有大於昭考所爲「耆定爾功」者乎？群叔流言，商奄越蠢，率窗人有指疆土。天降寶命，殆將墜哉。周公奉嗣王於禰廟，會群臣而謀之。〔註99〕

武王死後，管叔造謠，欲動搖周公、成王之信賴關係。據〈金縢〉記載，成王確實受到影響而懷疑周公。周公雖遺詩成王，成王猶未悟，於是趁著這百世一時，三監之亂終不可避免。然而述祖既以周公無辟居之事，則此時成王謀事於廟，周公仍在其列。而其時三監動亂將起，成王及群臣所謀者或有可能即針對亂事而論。述祖以爲當時謀於廟的內容，即〈大誥〉中邦君庶士所云：「艱大，民不靜，亦惟在王宮。越予小子，考翼，不可征。」以爲行德化

〔註97〕《朱子全書・詩集傳》，冊壹，頁736。
〔註98〕《詩三家義集疏》，下冊，頁1039～1040。
〔註99〕《周頌口義》，卷三，頁9。

之政即可感化叛亂之殷民，均不贊成東征，群臣雖不贊成東征，而東征猶得
行者，蓋周公力排眾議，堅持東征的結果。述祖的說法早於王先謙、黃山，
二人是否受述祖影響不得而知。然黃山以成王訪落之時，周公正在東征途中，
故未曾與會，而述祖則以爲本詩乃管蔡流言，商奄越蠢，大亂將起之時，周
公奉成王，與群臣諮議於武王之廟。他說：

> 〈訪落〉與〈閔予小子〉是周公奉嗣王以朝於祖考之廟，又會群臣
> 於武王廟，謀所以成乃嗣考圖功者。〔註100〕

述祖又以爲周公既奉成王朝廟謀廟，則群臣會商之時，周公亦應參與意見。
然而是時周公遭成王懷疑，二公群臣對周公或亦有所疑慮，故周公藉謀廟商
議時以明己志，述祖還原其說應爲：

> 朕未有艾，亦言嗣王今始即政，未有所經歷耳，欲群臣扶助而成之。
> 然繼文武之道，輒虞分判渙散，不知所以收之。〈君奭〉曰：「今在
> 予小子旦，若游大川。予往暨汝奭其濟，小子同未在位，誕我無責，
> 收罔勖不及。」〈維天之命〉曰：「假以溢我，我其收之。」此皆周
> 公之志，前後若一辭者也。周公以嗣王有繼序文武之道之質而未明，
> 所以疑成文武之道，是周公會群臣以謀於廟者，即其告召公者也。
> 〔註101〕

周公之志，前後皆一，即擁護成王政權，安定周室天下，故其一再述說己志，
冀成王及群臣能瞭解。然周公既受成王懷疑，故又發出「予唯音曉曉」之悲
漢，蓋傷成王不明其志也。於是述祖云：

> 讀《周頌》三十一篇而不流涕太息於武王、周公之志者，必非孝子、
> 仁人也。〔註102〕

述祖又以孝子、仁人期許讀詩者能明白周公用心之艱難，蓋寓「溫柔敦厚」
之詩教意涵。

2. 論「陟降」之意

　　《詩》言陟降者有四，《大雅・文王》曰：「文王陟降，在帝左右」，〈閔
予小子〉曰：「念茲皇祖，陟降庭止」，〈訪落〉曰：「紹庭上下，陟降厥家」，
〈敬之〉曰：「無曰高高在上，陟降厥士」，《毛傳》於〈文王〉「陟降」訓爲：

〔註100〕同上註，頁11。
〔註101〕同上註，頁11～12。
〔註102〕同上註，頁9。

「文王升接天，下接地也。」鄭《箋》於〈閔予小子〉「陟降」訓為：「陟降，上下也。……上以直道事天，下以直道治民。」於〈訪落〉「陟降」云：「上下群臣之職」，於〈敬之〉「陟降」則云：「天上下其事，謂轉運日月。」毛公所云升接天，下接地，據《毛傳》不言神通之例，其意蓋謂文王能上事天，下治民也。而鄭氏所謂直道事天治民，與〈文王·傳〉之言合。而上下群臣之職，則是以陟降為對政事的安排得體而言，與〈文王〉、〈閔予小子〉所釋皆不同。述祖則從〈文王·傳〉及〈閔予小子·箋〉之說，云：

> 詩蓋言嗣王所以紹成文武之道，當思前王所以上下天人之際者。……
> 皇考既克定厥家矣，皇祖既高位於上帝矣，明其身然後可以保厥家，
> 不是之率而何率，不是之紹而何紹哉。……此亦周公之以直道上接
> 天，下接人者也。〔註103〕

述祖取毛鄭之說，以上接天，下接人，前紹文武之道，後續萬民之治，即「陟降」之意。朱熹《集傳》於〈文王〉云：「文王之神在天，一升一降，無時不在上帝之左右。」於〈閔予小子〉云：「武王之孝，思念文王，常若見其陟降於庭。」則朱子所言之陟降，具有神靈通天地之意涵，朱子之說乃據《漢書·匡衡傳》顏師古注「念我皇祖，陟降廷止」所云：「鬼神上下臨其朝廷」而立論。鬼神上下者，蓋即文王之神靈，余培林《詩經正詁》云：「凡《詩》言陟降，皆指神而言。」〔註104〕陟降指神靈往來，乃今人為接受之說法。

三、〈敬之〉——周公之志

1. 論群臣進戒嗣王之言實乃周公之志

《詩序》曰：「〈敬之〉，群臣進戒嗣王也。」與前二詩相較，《詩序》是以三詩為朝武廟時所發生之連續事件，先朝武王廟，繼與群臣謀討商議，後納群臣之戒言，則三詩當為一先後之組曲，皆一時之事也。而本詩〈敬之〉，《序》以為臣下進戒之詞，陳啓源《毛詩稽古編》曰：「〈閔予小子〉四篇當是一人手筆。〈敬之〉篇述成王君臣相告語之言，皆旁人代為之詞耳。《朱傳》曰：『成王受群臣之戒而述其言。』又曰：『乃自為答之之詞。』是直以此四詩為成王作矣。」〔註105〕胡承珙《毛詩後箋》則云：「自〈閔予小子〉以下三

〔註103〕同上註，頁12。

〔註104〕余培林撰：《詩經正詁》（臺北三民書局，1995年），下冊，頁572。

〔註105〕〔清〕陳啓源撰：《皇清經解毛詩類彙編·毛詩稽古編》，頁229。

篇皆有維予小子語，毛於前二篇無傳，惟〈敬之〉予小子《傳》云：『嗣王也。』毛意蓋以上二篇皆成王之詞，則所稱小子自係嗣王。〈敬之〉前六句皆群臣進戒之詞，忽接以維予小子，嫌於群臣自稱，故特爲發傳。」〔註106〕論毛公蓋以詩歌爲成王所自作，並爲《朱傳》所本。魏源《詩序集義》認爲作〈載見〉、〈閔予小子〉、〈訪落〉、〈小毖〉、〈敬之〉之時，周公居東未歸，故詩應爲召公所作。莊述祖既以周公未曾辟居東都，且朝廟、謀廟皆周公奉成王而進行之儀式，故本詩亦當爲周公所作，而其記群臣進戒之言是有深義在內的。述祖云：

> 以〈訪落〉之詩言之，群臣之謀，無有能喻周公之志者。而周公既致太平，追述嗣王免喪之始，必紀群臣進戒之辭，以爲後世法者，何也？周公之志即文武之志。二公及王且未知，而況群臣乎？然聖人之志不患人之不知，而聖人之大惟其能取人之善以爲善，故周公訪落之志不必即二公及王之志，而群臣進戒之言，即周公告嗣王之言也。〔註107〕

周公與成王在當時是有嫌隙存在的，周公之言未必爲成王所納，於是當太平作樂之後，周公乃追述群臣進戒之言以爲後世法則，此即〈敬之〉產生之緣由。

綜合〈閔予小子〉、〈訪落〉、〈敬之〉三詩來看，述祖以周公之志貫穿這三篇詩歌的。述祖以爲周公受流言所讒，內有成王、群臣之疑，外有管蔡、武庚之亂，仍需堅守其位，以定周室家業，故不得有辟居之事。然周公既不爲成王所信，若欲進戒成王，只得借群臣之戒言爲之，故群臣之言即周公之志，而其言亦僅「敬之敬之」而已。在困心恆慮，天下安定之後，周公再作樂歌，除表明己志外，亦冀後世能有所借鑑。

2. 論〈敬之〉之作二人語

無論以詩爲成王自作，或召公、周公所作，實已不可考矣。姚際恆云：「《集傳》于上章云：『成王受群臣之戒而述其言。』于下章云：『此乃自爲答之之言。』愚向者亦不敢以一詩硬作兩人語，惟此篇則宛肖。上章先以敬之直陳，意甚警切，下皆規戒之辭。下章純乎成王語，故敢定爲此說。今皆以爲成王，

〔註106〕《續經解毛詩類彙編・毛詩後箋》，冊二，頁2253。
〔註107〕《周頌口義》，卷三，頁14。

謂其既受群臣之戒而述其言，又述其自答之言，不迂而且拙乎！且凡頌詩豈必王者自作，大抵皆臣工述之耳。」〔註108〕據《朱傳》所言，詩詞內容可分前後兩段，前段爲群臣口吻，頗有告誡之意；後段則爲成王語氣，表示謙恭受之。朱熹此言一出，學者多據以爲是，述祖亦依詩歌內容而分〈敬之〉爲前後兩篇不同人口吻所說之詞，其云：

> 今以古人離經之法讀之，自無曰高高在上以上，是群臣進戒之辭，
> 自陟降厥士以下，是嗣王答受之辭。周公致太平以後，追述其事，
> 序其進戒之意，則言天命之可畏，不可不以敬承之。天監之甚明，
> 不可以爲遠而忽之。周公又爲引申其意，以代嗣王答受以辭，即以
> 申誡嗣王焉。〔註109〕

據述祖所云，成王受答之辭是周公追述其意，代爲擬作，故其中有「予小子」之語，而毛公嫌群臣進戒，不當有成王自言，故《傳》曰：「小子，嗣王也。」然觀詩詞言「予小子」，言「朕未有艾」，言「示我顯德行」，則當出自成王之口無疑。觀〈閔予小子〉言「於乎皇王」，〈訪落〉言「休矣皇考」，是二詩爲成王率臣下告祭告武王時所說的祝禱詞，故以第一人稱口吻述說，後由史臣記錄，正如《尚書》中諸誥性質一般。只是語句較簡短，於是臣工便據以譜樂歌頌，用於祭祀之中。而細觀〈敬之〉一詩，朱子分爲二人之言似爲有理，但若視爲一整句祝禱之詞亦非不可，「敬之敬之」爲成王自警之詞，並告誡自己「無曰高高在上，陟降厥士」，最後勉勵自己「日就月將，學有緝熙于光明」。其實若擺落《詩序》群臣進戒之言，則此詩不必看作兩人語也，如此便能還原其爲祝禱之詞的本質。

四、〈小毖〉——嗣王求助之義

1. 論「小毖」名義

《詩經》之篇名多取首句之字詞爲命名標準，然其中有一特殊現象，即除摘取首句之字外，復又加大、小以別之，《詩經》中這類篇章計有〈大叔于田〉、〈小旻〉、〈小宛〉、〈小弁〉、〈小明〉、〈大明〉及本詩〈小毖〉。加大小之意爲何，或以爲但爲分別篇名而已，然《詩經》中亦有相同篇名之詩篇，如《鄭風》、《唐風》、《檜風》皆有〈羔裘〉；《王風》、《鄭風》、《唐風》皆有

〔註108〕《詩經通論》，頁345。
〔註109〕《周頌口義》，卷三，頁17。

〈揚之水〉；《邶風》、《鄘風》皆有〈柏舟〉；何以這些詩篇便不加大小以為分別。歷代學者說法不一，《正義》釋〈小旻〉云：「經言昊天，天無小義。今謂小旻，明有所對也。故言所刺者，此列於〈十月之交〉、〈雨無正〉，則此篇之事為小，故曰〈小旻〉也。」又曰：「名篇曰〈小明〉者，言幽王日小其明，損於政事，以至於亂。」又曰：「二聖相承，其明德日以廣大，故曰〈大明〉。」蘇轍論〈大叔于田〉之名稱時則說：「二詩皆曰叔于田，故加大以別之。」〔註110〕論〈小旻〉時則云：「〈小旻〉、〈小宛〉、〈小弁〉、〈小明〉四詩，皆以小名篇，所以別其為《小雅》也。其在《小雅》者謂之小，其在《大雅》者謂之〈召旻〉、〈大明〉，獨〈宛〉、〈弁〉闕焉。意者，孔子刪之矣。雖去其大，而其小蓋即用其舊也。」〔註111〕

以上所說，有以大小代表大小雅以別之耳；亦有以大小為兩篇名稱同者，但另一篇已逸；亦有以大小喻詩歌主旨意義之大小。然本詩〈小毖〉既為頌詩，無大小雅之別，且詩歌首句亦無小字，故以小字有其特別意涵。鄭《箋》云：「天下之事，當慎其小。小時而不慎，後為禍大。」朱子則引蘇轍之說以為：「〈小毖〉者，僅之於小也。謹之於小，則大患無由至也。」〔註112〕是皆以小為慎其小。所謂慎其小者，蓋指管蔡初流言，其始甚微，其終則為王室之禍。而莊述祖則解〈小毖〉云：

〈小毖〉者，指毖殷之事而言也。謂之小毖者，周公自謂毖殷之事小於伐紂之事，以繼〈大武〉之後，故曰〈小毖〉〔註113〕

〈大武〉為伐紂之事，〈小毖〉為毖殷之事，毖殷小於伐紂，故言小。以〈小毖〉相對於〈大武〉而言，實屬新說。而述祖對鄭玄慎微以防後患之說亦有不同意見，其云：

〈多士〉曰：「惟爾洪無度，我不爾動，自乃邑。予亦念天即于殷大戾，肆不正。」又曰：「予惟率肆矜爾，非予罪，時惟天命。」當伐殷之時，周公何不即求所以毖後患者，必待懲三監之叛而後悟哉？不知五年須暇，天之命也，武王不敢違；四國是匡，亦天之命也，周公不敢後。非不慎於前而獨慎於後也。〔註114〕

〔註110〕《詩集傳》，卷四，頁11。
〔註111〕同上註，卷十二，頁1。
〔註112〕《朱子全書·詩集傳》，冊壹，頁737。
〔註113〕《周頌口義》，卷三，頁20。
〔註114〕同上註，頁25。

周公何不趁流言初起之時便行平亂，《正義》云：「管蔡初爲流言，成王信之。
既信其言，自然不得誅之。今悔於不登時誅之者，此謂啓金縢後，既信周公
之心，已知管蔡之妄，宜即執而戮之，乃迎周公。當時以管蔡罪小，不即誅
殺，至使叛而作亂，爲此大禍，故所以爲創也。」孔穎達以爲成王後悔當初
不在管蔡流言之時便行誅之，以致其後亂大，險不可收拾，故爲自悔之言。
述祖不取此說，但以天命歸之。周公之所以不誅管蔡，實由於天命未至，故
不得登時誅之，非當初不慎於流言之患也。述祖以空泛天命歸之，實屬無稽。
其意似以周公早知管蔡禍亂將起，然天命未定，不敢動兵。且觀《左傳》鄭
莊公誅共叔段之事，亦須暇共叔之惡，以致禍起蕭牆。後雖平亂，儒者卻多
以陰謀視之。則周公須暇管蔡之說，又將與之何異。此實爲述祖自出之新說，
然無憑據，詩詞內容亦不甚符合，結論難以令人心服。

2. 論周公攝政年數

〈浩誥〉曰：「惟周公誕保文武受命七年。」《尚書大傳》云：「周公攝政，
一年救亂，二年克殷，三年踐奄，四年建侯衛，五年營成周，六年制禮作樂，
七年致政成王。」是〈尚書大傳〉所言即誕保文武受命七年所作的事蹟。周
公攝政七年之說已爲學者普遍接受，此處亦無爭議。然周公究竟是武王過世
後即立刻攝政，七年之後致政成王，抑或成王在位數年之後，方始有居攝之
事發生。

以武王死後，周公即行攝政之說者有《史記·魯世家》：「武王既崩，成
王少，在強褓之中。周公恐天下聞武王崩而畔，周公乃踐祚代成王攝行政當
國。」太史公以武王死時成王尚在強褓之中，則周公自是於武王死時即行攝
政。而以武王死後數年，周公方代成王攝政者，則以鄭玄爲代表。鄭《箋》
於〈訪落〉時以成王「是時自知未能成文武之功，周公始有居攝之志。」，〈閔
予小子〉之三皆武王喪畢，成王朝廟時之詩，則鄭玄以武王死後三年，周公
始攝政。莊述祖是採用武王喪畢之後，周公始行攝政之說。其云：

> 以詩前後推之，蓋成王諒闇，周公爲冢宰，百官總已以聽。除喪後，
> 周公即東征。東征之二年，成王感風雷之變，迎周公於奄，迎周公
> 於奄。則誕保受命，自東征始。……〈洛誥〉所謂七年，蓋成王即
> 位之九年。書綜其年數，故言七年，非謂紀年也。〔註115〕

《尚書‧無逸》言：「其在高宗，時舊勞于外，爰暨小人。作其即位，乃或亮陰，三年不言；其惟不言，言乃雍。」《論語‧憲問》亦載：「何必高宗，古之人皆然。君薨，百官總己以聽於冢宰三年。」三年之喪的說法因孔子這釋解釋，一直深植儒者心中。於是述祖以爲成王居喪年間，周公爲冢宰，百官聽其令，自不算攝政：

> 夫百官總己以聽冢宰，固不得謂之攝政。〔註116〕

如此加上後期攝政之七年，周公實際攝政九年（三年之喪爲二十五月或二十七月畢，實際上應算兩年），故〈洛誥〉所謂七年，實即成王九年。述祖之所以如此認爲者，主要目的仍在保存周公純臣形象。鄭玄言周公見成王無法成就文武之業，始有居攝之心。然君王自言懼難成父祖大業，臣下便有代其行之之念頭，則其心不薔於謀反之心邪？述祖既取鄭《箋》以居喪期間非攝政七年之期，但又慮鄭玄「始有居攝之心」之說，破壞周公形象，於是依〈小毖‧序〉所言「嗣王求助也」立說。成王求助者何事，即周公誕保文武受命七年之事。述祖云：

> 謂之求助者，非獨求助於邦君御事，且求助於殷侯尹民也。〈多方〉
> 曰：「爾曷不忱裕之于爾多方？爾曷不夾介乂我周王，享天之命。」
> 言其始之求助也。又曰：「爾邑克明，上不譽于凶德，亦則以穆穆在
> 乃位。」言今後之求助也。〈多士〉曰：「爾惟克勤乃事，克聞于乃
> 邑，謀介比事」明言其求助於殷遺多士而成洛邑也。毖殷之事，周
> 公所以誕保文武受命，而皆嗣王之求助也。〔註117〕

寡助之至，親戚畔之，多助之至，天下順之。正是述祖所申明成王求助之意。成王不僅求助邦君御事，且求助於殷遺多士，然則周公之所以於成王喪畢之後仍行攝政之事者，蓋亦成王之求助也。

　　述祖此說實與舊說全異，且與己說亦有矛盾之處。述祖以成王除喪之後，管蔡流言，周公即行東征，是時成王已疑周公。二年後，成王感於烈風雷雨之變始悟周公之志，則東征二年皆是成王致疑於周公之時，成王既已受流言所動搖，以爲周公有不利孺子之心，又豈有向周公求助，要求攝政之理。述祖欲周全周公聖人形象，千方百計爲之彌縫，但其說仍有爭議之處，此不可不明也。

〔註116〕同上註。
〔註117〕同上註，頁22。

五、〈載芟〉——重農保民之思想

　　周人以農立國，相當重視農業，因此《周頌》中仍保有許多與農耕禮儀
有關的詩篇，如〈載芟〉、〈良耜〉、〈噫嘻〉等。這些詩篇歌頌周初農業祭典
的進行，表現出周人重農保民的思想。如本篇〈載芟〉，《詩序》云：「春藉田
而祈社稷也。」而由詩歌內文來看，可分為三部份。首句「載芟載柞」是寫
初春始耕的情形，接著又寫耕種時的熱鬧景象，農夫千耦同耕，男子下田，
女子送飯，男女老幼同心協力，極力鋪陳田畝耕作的場面，而另一方面又向
神明表達恭敬之心，以求豐收之福祐。末尾說「匪今斯今，振古如茲」，頌揚
周王能行祖宗古禮，追孝于先祖，表現出慎終追遠的民族本性。總之，重農
保民的根本思想，是周代農業詩所表達出來的觀點。歷來說〈載芟〉詩者，
多就其祭祀之性質討論，未有能體認到這較深刻的含意，述祖則能看出，其
云：

> 詩辭獨詳言民事，於三十一篇之中，文體特異。蓋王者功成致太平，
> 必極之於民事以觀其盛，無一人不樂其生，無一物不得其所，故以
> 二詩為告成功於神明之極則焉。此與〈豐年〉異者，〈豐年〉言高廩
> 藏齎盛之委，為民力之普存，故極九畡之數言之。此則言成王之時，
> 萬民所治田業皆年豐歲稔，收穫之多至於萬億及秭，其辭雖同，而
> 義各有指也。〔註118〕

所謂義各有指者，〈豐年〉之收皆入倉廩，雖為民力之普存，實為公家之儲糧。
而〈載芟〉則純粹從民眾治田耕作說起，冀其年豐歲稔，萬民同樂。述祖又
云：

> 思媚其婦，有依其士，言其婦子在畎畝之間，見閨門之內，和順孝
> 弟之風焉。〔註119〕

詩言「侯主侯伯，侯亞侯旅，侯彊侯以」，《毛傳》訓曰：「主，家長也。伯，
長子也。亞，仲叔也。旅，于弟也。強，強力也。以，用也。」述祖當依毛
訓，則除全家男丁皆下田耕種外，婦人亦穿梭田間，為耕作者饋饟，表現出
和順孝悌之淳美風俗，故為述祖所稱讚也。而周代重農保民的德化政策於此
亦得顯現。

〔註118〕同上註，頁29。
〔註119〕同上註，頁34。

六、〈良耜〉──報祭之樂章

《詩序》云：「〈良耜〉，秋報社稷也。」明顯是以本詩為〈載芟〉「春藉田而祈社稷」之報祭。何謂春祈秋報？陳奐《詩毛氏傳疏》云：「《白虎通義》云：歲再祭之，何？春求秋報之義也。故〈月令〉仲春之月，擇元日，命民社。《援神契》曰：仲秋穫禾，報社祭稷。」〔註120〕今由詩歌本文來看，「畟畟良耜，俶載南畝，播厥百穀，實函斯活」，此先追述春耕之勤勞，「穫之挃挃，積之栗栗，其崇如墉，其比如櫛。」繼言秋收之豐盛，從開始耕種到收穫儲藏，詩歌表現得井然有序，然未見有報祭之意，故朱熹《詩序辨說》謂〈載芟〉、〈良耜〉二詩，「未見其有祈報之意。」〔註121〕陳啟源《毛詩稽古編》則云：「夫春祈秋報，總為農事，故歷言耕作之勤，收穫之盛，以告神明。而一則願其將來，一則述其以往，祈報意自在不言中矣。豈句櫛字比，務與題意相配，如後世詩人較工拙於毫芒者哉？」〔註122〕余培林先生《詩經正詁》則說：「此亦祭宗廟之詩。《詩序》云：『〈良耜〉，秋報社稷也。』後世說此詩者多從之。然詩末二句曰：『以似以續，續古之人。』《詩》凡言「似」，皆嗣續父祖之意，此義前已言之矣，此詩《集傳》亦曰：『續，謂續先祖以奉祭祀。』則此詩之旨盡在其中，何勞外求哉？」〔註123〕〈斯干〉「似續祖妣」，《傳》云：「似，嗣也。」似確有嗣續之意，然不代表似續必皆用宗廟祭祀之語。述祖亦云：

〈生民〉「以興嗣歲」，《傳》曰：「興來歲，繼往歲。」此云續往事者，歲與事義互相足。〔註124〕

〈良耜〉末句但言「以似以續，續古之人」，《傳》亦曰：「嗣前歲，續往事」，其意但為繼續前人豐收事業，意為祈求豐年能永久持續。否則若為宗廟之祭，不言先祖，而言古之人，無乃不敬乎？然則欲以此詩為宗廟之祭，仍有待證據加強。

述祖對〈良耜〉詩篇的性質是採取《詩序》之說，其云：

〈良耜〉與〈載芟〉義既相同，文亦互見。千耦言耕作，百室言收穫，故《箋》合解之。前篇言胡考之寧，後篇言婦子寧止，由尊及

〔註120〕《續經解毛詩類彙編·詩毛氏傳疏》，冊一，頁933。
〔註121〕《朱子全書·詩集傳》，冊壹，頁398。
〔註122〕《皇清經解毛詩類彙編·毛詩稽古編》，頁231。
〔註123〕《詩經正詁》，頁584。
〔註124〕《周頌口義》，卷三，頁42。

卑：前篇言邦家之光，後篇言百室盈止，由大至小。溯其所由起，
曰振古如茲；美其所由繼，曰續古之人。是二詩本首尾相貫，告成
功於神明之樂歌。於內祭祀以〈豐年〉，徵太平之極盛；於外祭祀以
〈載芟〉、〈良耜〉，徵太平之極盛，故其辭皆云：萬億及秭，為酒為
醴，烝畀祖妣，以洽百禮。〈噫嘻〉為祈，〈豐年〉為報；〈載芟〉為
祈，〈良耜〉為報，一也。〔註125〕

述祖亦看出〈良耜〉與〈載芟〉在詩歌形式、結構、內容上均有相當程度的
相似。但他仍舊依《詩序》，定〈載芟〉為春祈，〈良耜〉為秋報之詩。其實
述祖既言兩詩詩義既相同，文亦互見，則將兩詩詩句拆解之後作一番對比，可
以發現其驚人的相似之處，如下表：

〈良耜〉	〈載芟〉
畟畟良耜，俶載南畝， 播厥百穀，實函斯活。	有略其耜，俶載南畝。 播厥百穀，實函斯活。
或來瞻女，載筐及筥。	有嗿其饁，思媚其婦，有依其士。
其鎛斯趙，以薅荼蓼。	載芟載柞，其耕澤澤。
荼蓼朽止，黍稷茂止。	驛驛其達，有厭其傑， 厭厭其苗，緜緜其麃。
穫之挃挃，積之栗栗，其崇如墉， 其比如櫛，以開百室。	載穫濟濟，有實其積，萬億及秭。
百室盈止，婦子寧止。	有飶其香，邦家之光。 有椒其馨，胡考之寧。
殺時犉牡，有捄其角。	為酒為醴，烝畀祖妣，以洽百禮。
以似以續，續古之人	匪今斯今，振古如茲。

〈載芟〉及〈良耜〉在結構上幾乎一致，且並無言及祈報之事，也難怪朱熹
會以為無祈報之意。然兩詩相似度太高，卻一用於祈，一用於報，且相較於
〈噫嘻〉「春夏祈穀於上帝」之詩，內容實在有很大的出入。〈噫嘻〉所言甚
為簡易，錄全詩於下以茲比較：「噫嘻成王，率時農夫，播厥百穀。駿發爾私，
終三十里。亦服爾耕，十千維耦。」〈噫嘻〉之祈，僅就播穀、耕作為說，並
未提到任何收穫景象。而〈載芟〉、〈良耜〉二詩卻將農事一整年的情形清楚
描寫刻畫，極富形象性，卻未見有明確之祈穀、報祭之意。陳啟源雖以為詩

〔註125〕同上註，頁37。

歌內容不需完全與題意相配，但其本意乃在維護《詩序》、《毛傳》之說。實則朱熹、陳啓源二人所說皆有理，朱子以本詩無祈報之意，蓋詩歌本為周朝臣工歌頌農業豐收之詩，後採用為祈報祭典之樂歌，非專為祈、報之祭而量身訂作，故內容與題意有所差別。《國語》載「天子聽政，使公卿至於列士獻詩。」則所獻之詩不必全為民間所採之風詩，當亦有公卿列士自己創作的歌詩，其中亦有歌頌讚美之詩，故朝廷或有可能據其內容而採為祭祀詩歌，〈載芟〉、〈良耜〉或即由此種途徑所產生，故內容上有著落差。

七、〈絲衣〉——靈星之祭

《詩序》云：「〈絲衣〉，繹賓尸也。高子曰：靈星之尸也。」此序牽涉三個問題，一者繹與賓尸之祭為何？一者何謂靈星之尸？一者高子之來歷？

關於第一個問題，鄭《箋》云：「繹，又祭也。天子諸侯曰繹，以祭之明日。卿大夫曰賓尸，與祭同日。周曰繹，商曰肜。」據鄭玄所釋，繹與賓尸之祭性質相同，惟期程有別。天子諸侯之繹祭為期兩天，卿大夫賓尸之祭則當日結束。《儀禮》賈公彥疏引鄭玄《三禮目錄》云：「大夫既祭，儐尸於堂之禮。祭畢，禮尸於室中。天子、諸侯之祭，明日而繹。」依鄭玄所云，繹祭之所以分兩日進行，第一日為正祭，重在享祀神靈。第二日繹祭，重在宴飲公尸。〈絲衣〉為天子之頌詩，自是兩日之繹祭。朱子以此為「祭而飲酒之詩。」方玉潤（1811～1883）則駁之曰：「詩云繹祭詳矣，飲酒則無一語及之，又何必沾沾必飲酒為言也。」繹祭第二日為晏飲公尸，則詩歌言「旨酒思柔」並無可疑之處，況詩言「胡考之休」，明是祈福之語。《詩經傳說彙纂》亦云：「宗廟正祭之明日又祭曰繹。繹禮在廟門，而廟門側之堂謂之基。今詩云『自堂徂基』，則基是門塾之基，蓋謂廟門外西夾室之堂基也。其為繹祭明矣。」則本詩當為繹祭無誤。

對於繹祭之名義，諸儒大致沒有異議。述祖對此亦無他言，僅針對靈星之尸為論。歷代學者何謂「靈星之尸」，人各異說，難有定論。鄭玄對靈星之尸並無解說。胡承珙云：「高子以為靈星之尸者，正以《序》言賓尸，不明何祭之尸，故特著此語。《史記・封禪書》：漢興八年，或曰：『周興而邑邰，立后稷之祠，至今血食天下，於是高祖制詔御史，其令群國縣立靈星祠，常以歲時祠以牛。』張晏曰：『龍星左角曰天田，則農祥也。晨見而祭。』張守節《正義》引《舊漢儀》云：『五年修復周家舊祠，祀后稷於東南，為民祈農。

夏則龍星見而始雩。龍星左角為天田，右角為大庭。天田為司馬，教人種百
穀為稷。靈者神也，辰之神為靈星，故以壬辰日祠靈星於東南，金勝為土相
也。』其後《漢書・郊祀志》、《續漢書・祭祀志》皆因之。以漢法推周制，
考〈周語〉：『虢文公曰：農祥晨正。伶州鳩曰：昔武王伐殷，月在天駟。月
之所在，辰馬農祥也。我大祖后稷之所經緯也。』〈晉語〉：『董因曰：大火，
閼伯之星也，是謂大辰。辰以成善，后稷是相。』此三條皆是為周人祀靈星
之證。《續漢書》又引舊說云：『言祠后稷而謂之靈星者，以后稷又配食星也。』
然則靈星之祀，其來甚古。《淮南・主術訓》：『君人之道，其猶零星之尸也。』
是靈星之有尸亦久矣。高子與孟子同時，去古未遠，故能確知此詩為祀靈星
之作。毛公分序篇端，存而不削，自必意與之同。至鄭《箋》乃注宗廟繹祭，
孔疏遂謂高子別論他事，云祭靈星以人為尸，後人引之以證宗廟之尸，此謬
說也。宗廟有尸，誰人不知？何用假靈星以明之乎？又〈絲衣〉次〈載芟〉、
〈良耜〉，《古今注》云：『元和三年初為郡國立稷及祠社靈星禮器。』《後漢・
東夷傳》：『高句麗好祠鬼神社稷零星。』可知古者靈星之祀與社稷為類。此
詩之次於〈載芟〉、〈良耜〉，殆非無故矣。」〔註126〕胡承珙肯定此詩確為祀靈
星所作，而靈星之祀與社稷為類，同是為了祈穀，故次於〈載芟〉、〈良耜〉
之後。

述祖亦以靈星之祭為祈時報功之祭，其云：

> 杜佑《通典》云：「周制，仲秋之月，祭靈星於國之東南。東南祭之，
> 就歲星之位也。歲星為星之始，最尊，故就其位。王者所以復祭靈
> 星者，為民祈時，以種五穀，故報其功也。」《五經通義》曰：「靈
> 星為立尸，故云絲衣其紑，載升俅俅，《傳》言王者祭靈星，公尸所
> 服之衣也。」今按〈鳧鷖〉每云尸，據《傳》天子諸侯祭社稷尸也。
> 今祀靈星，言公尸，未詳所出。是《通典》以靈星為歲星，與張晏
> 說異。《五經通義》所引傳說，如〈絲衣〉、〈鳧鷖〉皆非毛義。蓋三
> 家詩有此說，與高子同。《詩序》引此非以證賓尸之事，明矣。〈載
> 芟〉、〈良耜〉言外祭祀，此言內祭祀，毛義固然，高子則三詩皆為
> 民祈時之詩，義亦可通。〔註127〕

述祖據杜佑所云，以靈星為歲星，祭靈星者亦為民祈時，以種五穀，以報其

〔註126〕《續經解毛詩類彙編・毛詩後箋》，冊二，頁 2259～2260。
〔註127〕《周頌口義》，卷三，頁 44～45。

功。如此則〈載芟〉、〈良耜〉、〈絲衣〉三詩皆爲祈穀之時,與胡承珙說同。
述祖既以靈星之祭亦爲祈穀之詩,於是又述其在《周》中之功用,其云:

> 《周頌》祭祀之樂歌,以三詩次最後,見太平王道之成。末言兕觥
> 其觩者,蓋靈星與社稷自天子諸侯以至家邑縣都皆祭之。〈載芟〉曰:
> 「胡考之甯。」〈絲衣〉曰:「胡考之休。」自上以下,莫不受其安
> 甯壽考休美之福,則大同之世也。〔註128〕

述祖以爲在孔子正樂,雅頌得所之前,《周頌》原本的舊次爲外祭以郊祀明堂
爲始,社稷爲終。內祭則始於禘祫,終於繹賓尸,故舊本是以〈絲衣〉次最
後。而孔子正樂之後,則以〈三象〉爲〈頌〉之始,每什各以〈武志〉爲《頌》
之終,即今本次序。而舊本以〈載芟〉、〈良耜〉、〈絲衣〉爲最後者,《周頌》
三十一篇皆祭祀之篇章,而所有祭祀皆完成者,即太平王道之成功,而這三
詩的內容皆爲爲民祈穀之詩,象徵自上至下,皆受安寧壽考休美之福,此其
深義之所在。

述祖既以〈絲衣〉祭靈星祈穀之詩,則針對詩詞中《毛傳》之解釋有些
微的修正。〈絲衣〉首句言「絲衣其紑」,《毛傳》曰:「絲衣,祭服也。」而
《說文》紑字云:「紑,白鮮衣皃。詩曰:素衣其紑。」許慎以紑爲素衣,是
皮弁服,而非爵弁服。述祖云:

> 靈星之尸,服皮弁者,尚質也。大蜡皮弁素服而祭蜡,以歲事成熟,
> 搜索群神而報祭之。靈星之祀亦以報歲事之成,故其服同也。義亦
> 可通。〔註129〕

述祖言下之意,是傾向以皮弁服爲是,但與《毛傳》不合,故以許慎說爲三
家說,而僅云義亦可通。三家說與《毛詩》有師承上的不同,故文字、解說
皆有不同之處,本自可存其異議。但本詩靈星之尸之服,豈有服爵弁,又服
皮弁之理,當只有一種可能,若但以「義亦可通」敷衍,則所服豈非可隨意
更改邪?於此亦可看出述祖傾向維護《毛傳》的用心。述祖又據《說文》及
《魯詩》,以「俅,冠飾皃」,「鼐,小鼎」之說,皆與毛異義,茲不多論。

另外,關於高子爲何人?《正義》云:「高子者,不知何人。孟軻弟子有
公孫丑者,稱高子之言以問孟子,則高子與孟子同時。」孔穎達憑《孟子》
書中有高子其人,則以其爲《詩序》所言之高子,證據實弱。述祖則云:

〔註128〕同上註,頁49。
〔註129〕同上註。

《正義》以高子即孟子弟子公孫丑所稱之高子。《經典釋文・毛詩敘錄》徐整云：「子夏授高行子，高行子授薛倉子，薛倉子授帛妙子，帛妙子授河閒人大毛公，毛公爲詩故訓傳於家，以授趙人小毛公。小毛公爲河間獻王博士。」一云：「子夏傳曾申，申傳魏人李克，克傳魯人孟仲子，孟仲子傳根牟子，根牟子傳趙人孫卿子，孫卿子傳魯人大毛公。」此高子蓋即高行子。高行子爲子夏弟子，不得與孟子同時。其一說則子夏三傳而爲孟仲子，孟仲子爲孟子從昆弟，即〈維天之命・傳〉所稱是也。〈小弁・傳〉所引之高子乃公孫丑所稱，與此高子異也。〔註130〕

述祖從《毛詩》流傳的脈絡，判定高子當即師傳過程中之高行子，有師承爲憑，且與《詩經》有關，其說較可據，這也是一般儒者普遍較採信之說法。

八、〈酌〉——養民之意

　　述祖以〈三象〉詩爲〈清廟〉之三，其順序爲：〈清廟〉、〈維天之命〉、〈維清〉。其中〈維天之命〉序云：「太平告文王也。」〈維清〉序云：「奏象舞也。」對照〈酌〉序云：「告成〈大武〉也。」〈武〉序云：「奏〈大武〉也。」是〈維天之命〉與〈酌〉同科，〈維清〉與〈武〉同科，所謂同科，言其作用相同也。述祖云：

　　　　〈酌〉爲告成〈大武〉，而〈武・序〉曰：奏〈大武〉者，猶〈維天之命〉爲告太平，而〈維清〉曰：奏〈象舞〉也。〔註131〕

〈酌〉、〈武〉皆爲〈大武〉之詩，一爲告成〈大武〉，一爲奏〈大武〉。然述祖又云：

　　　　《漢志》云：武王作〈武〉，周公作〈勺〉，不知〈武〉即〈酌〉，〈酌〉即〈武〉，〈象〉、〈武〉可並舉，〈武〉、〈酌〉不可並舉也。故〈文王世子〉曰：下管〈象舞〉、〈大武〉。〈仲尼燕居〉曰：下管〈象〉、〈武〉，〈內則〉曰：舞〈勺〉、舞〈象〉。言〈酌〉不言〈武〉，言〈武〉不言〈酌〉，知〈酌〉即〈武〉矣。〔註132〕

此處之〈武〉，乃指〈大武〉，非〈臣工〉之什末章之〈武〉，〈大武〉可簡稱

〔註130〕同上註，頁45。
〔註131〕同上註，頁53。
〔註132〕同上註，頁51～52。

〈武〉，但與奏〈大武〉之〈武〉不同。〈酌〉爲告成〈大武〉之詩，故可以〈酌〉代表〈大武〉，因此《漢書》以〈武〉、〈酌〉並舉，乃誤也。只要釐清述祖對〈武〉的分別，其說即可清楚顯現。述祖又以〈驁夏〉即〈酌〉詩，其云：

> 竊謂金奏〈驁夏〉即告成〈大武〉之詩，而〈大武〉之舞則奏以〈武〉，
> 故〈驁〉與〈酌〉亦不並舉也。〔註133〕

述祖雖以〈酌〉即〈驁夏〉，又爲〈武〉，其證據皆未明顯，說服力仍不夠。

〈酌・序〉言：「能酌先祖之道，以養天下也。」《毛傳》於「遵養時晦」訓養爲取，然鄭《箋》卻以養爲養紂，「養是闇昧之君以老其惡。」《正義》以爲《序》、《傳》、《箋》釋義有別。述祖則云：

> 《傳》養爲取，則《序》亦爲取。《老子》：「取天下者，常以無事。」
> 注云：「取，治也。」《周禮》「疾醫以五味、五穀、五藥，養其病。」
> 注亦云：「養猶治也。」是養、取皆訓治，言武王能斟酌先祖之道，
> 以治天下。〔註134〕

述祖以爲武王無須暇紂惡之事，自不贊同養紂之惡之說，因此以《序》所言養天下乃治天下，《傳》取亦爲治，與鄭《箋》不同。今觀《序》說之意，確實未有養紂惡之意，而鄭玄養紂而老其惡，故周道能大興，爲天下歸往之說，亦與《左傳》鄭莊公養弟惡之事類似，詩歌當不至歌頌此等行徑，是儒者必不取此說也，故《朱傳》改以「退自循養，與時皆晦」，言武王修德，等待時機伐紂。述祖則仍依《毛傳》，並舉《韓詩外傳》立說，其云：

> 《韓詩外傳》曰：「能制天下，必能養其民也。故審其所以養而治道
> 具矣，治道聚而遠近畜矣。《詩》曰：『於鑠王師，遵養時晦。』言
> 相養者之至於晦也。至、致通。」是《韓詩》亦以養爲治，以《左
> 傳》耆昧爲致昧，《箋》謂養是闇昧以老其惡，失之矣。〔註135〕

述祖以養爲治，治乃治天下之意，非取天下之意，此與鄭玄、朱熹說皆不同。述祖以爲毛意如此，然陳奐則有不同看法，陳奐《傳疏》云：「此告成〈大武〉之詩而篇名〈酌〉者，言酌時之宜，所謂湯伐桀、武王伐紂，時也。曰酌先祖之道者，先祖謂文王。文王之道，三分有二而不取；武王酌其時，八百會

〔註133〕同上註，頁52。
〔註134〕同上註。
〔註135〕同上註，頁55。

－285－

同則取之。《孟子》曰：『取之萬民不悅而勿取，文王是也；取之而萬民悅則取之，武王是也。』《序》以〈大武〉之取天下爲能酌文王之道，即此意也。」兩人皆曰申毛，然釋意不同。陳奐以取爲取天下，言武王酌時之宜而伐紂。述祖則以取爲治，指能制天下，則必能養其民，著重面不同，故申述之毛意亦有別，由此可見詩無達詁，難定其說也。

九、〈桓〉──論〈武志〉

1. 關於〈大武〉篇章之討論

　　《左傳·宣公十二年》載楚莊王論〈大武〉樂章，以〈武〉爲〈大武〉卒章，其三爲〈賚〉，其六爲〈桓〉，樂章次第與今本《詩經》不合，杜預以爲此乃楚地樂歌之次第。〈樂記〉釋〈大武〉則云：「子曰：夫樂者，象成者也。總干而山立，武王之事也。發揚蹈厲，太公之志也。〈武〉亂皆作，周召之治也。且夫〈武〉始而北出，再成而滅商，三成而南，四成而南國是疆，五成而分周公左、召公右，六成復綴以崇。」《左傳》所言，〈大武〉似有七章，而〈樂記〉所言，〈大武〉似應爲六篇。自明代何楷《詩經世本古義》提出〈大武〉六成之說，今人多據〈樂記〉以爲〈大武〉但有六篇詩歌。

　　然而〈大武〉六篇是哪六篇詩歌，楚子所言有〈賚〉、〈桓〉及〈武〉，《詩序》說到爲〈大武〉詩的尚有〈酌〉，其餘二篇則不可得知，於是歷代學者便開始拼湊，諸說如下表所示：

	一成	二成	三成	四成	五成	六成
何楷	武	酌	賚	般	時邁	桓
《詩義折中》	武	酌	賚	般		桓
王國維	昊天有成命	武	酌	桓	賚	般
高亨 （1900～1986）	我將	武	賚	般	酌	桓
孫作雲 （1912～1978）	酌	武	般	賚		桓
楊向奎 （1910～2000）	武	時邁	賚	酌	般	桓

由上表亦可看出，對於〈大武〉六成之詩可謂人各異說，難有定論。述祖在

這問題上看法比較較別，他不以〈大武〉六成爲六首詩篇，另以〈武志〉七篇爲〈大武〉之志記，其云：

〈武志〉者，〈大武〉之志記也。〈酌〉、〈桓〉、〈賚〉、〈般〉、〈繁〉、〈遏〉、〈渠〉，皆武志也。武有七德，故以樂歌之大者七篇志之，所謂使子孫無忘其章者是也。《周頌》三十一篇，〈繁〉、〈遏〉、〈渠〉系〈清廟〉之什，〈武〉系〈臣工〉之什，〈酌〉、〈桓〉、〈賚〉、〈般〉系〈閔予小子〉之什。〈武〉不在七篇之數，以爲卒章。〔註136〕

〈酌〉、〈桓〉、〈賚〉、〈般〉、〈繁〉、〈遏〉、〈渠〉共七篇，爲〈武志〉七章之樂，而〈武〉爲卒章，不在七篇之列，是〈大武〉詩共有八篇，與諸說頗有不同，且與〈樂記〉六成抵觸，大概他以爲〈樂記〉所載之六成乃有樂無聲之舞曲，而〈武志〉七篇則爲歌頌武王聖德之詩，似將樂與詩分離言之也。

2. 釋「類」、「禡」、「武志」之名義

《詩序》云：「〈桓〉，講武類禡也。」何謂類？何謂禡？何謂武志？鄭玄以爲皆師祭，《正義》則以類爲於內祭天，禡則在於所征之地，以類、禡皆兵祭。至於禡祭何神？《正義》云：「禡祭造兵爲軍法者，爲表以祭之。」述祖同意鄭、孔所釋，並舉〈皇矣・傳〉爲證：

〈皇矣〉之詩曰：「是類是禡」，《傳》曰：「於內曰類，於野曰禡。」言類在國境之內，禡在所征之地。〔註137〕

述祖又以〈桓〉爲〈九夏〉之〈昭夏〉，《周禮・大司樂》云：「牲出入，則令奏〈昭夏〉。」又曰：「大饗不入牲。」則饗賓客不入牲，故亦不奏〈昭夏〉，〈昭夏〉但祭祀入牲時所奏。而祭祀以祭天最重，祭天時燔柴及牲、玉於丘上，升煙以降其神，故《韓詩》云：「天子奉玉升柴，加於牲上。」〈雲漢〉詩則言「圭璧既卒」，皆是其證，而此詩言「於昭於天」，亦言祭天燔牲玉之事，故《序》雖類、禡並舉，但所重在類祭也。

類祭爲祭天，與郊祭同，董仲舒《春秋繁露・四祭第六十八》云：「《詩》曰：『濟濟辟王，左右奉璋。奉璋峨峨，髦士攸宜。』此文王之郊也。其下之辭曰：『淠彼涇舟，烝徒楫之。周王于邁，六師及之。』此文王之伐崇也。上言奉璋，下言伐崇，以是見文王之先郊而後伐也。」文王既郊祀而後伐崇，

〔註136〕同上註，頁 57。
〔註137〕同上註，頁 58。

故武王亦類祭而後伐殷。故〈桓〉之言武志者，以此歌頌其事也。則所謂〈武志〉者，即記載武王伐殷之詩篇也，詩篇雖可合樂，然既云志，則與舞曲、樂曲有別。

3. 釋「綏萬邦，屢豐年，天命匪懈」之意涵

〈桓〉詩首句云：「綏萬邦，屢豐年，天命匪懈」，《毛傳》無釋，鄭《箋》云：「誅無道，安天下，則亟有豐熟之年。」《正義》云：「毛以爲武王誅紂之後，安此萬邦，使無兵寇之害，數有豐年，無飢饉之憂。……《僖十九年·左傳》云：『昔周飢，克殷而年豐。』是伐紂之後即有豐年也。」然《正義》又云：「武王將欲伐殷，陳列六軍，講習武事。」述祖指出《正義》的矛盾在於既以本詩爲武王講習武事之時，乃歌武王伐商情事，又豈可謂誅紂之後，亟有豐年邪？並批評《正義》乃前後不相顧。述祖云：

> 詩人蓋言萬邦雖安，豐年雖屢，天命固不可恃，故以匪懈爲事天之戒。〔註138〕

然而述祖既以《周頌》乃周公所作，歌文王、武王時事，則自後追述，不無可能。況且又無任何硬性規定，頌詩必需只限於當時情事，不可超前越後，則《正義》以本詩乃武王陳列六軍，講習武事之詩並不妨害伐紂成功之後，亟有豐年之發生。若如述祖所言，當時萬邦安，豐年屢，則武王之伐紂不爲作亂乎，是詩人詠豐年樓，正爲武王伐紂尋求天命支持的證據。

述祖論此詩時，對《左傳》的可信度提出質疑，其云：

> 《左傳》亦多劉歆等所私改，皆當闕疑。〔註139〕

晚清今文學對《左傳》多所批評，並以劉歆竄改聖經，其源殆皆因述祖而出。述祖對《左傳》的態度較保留，雖未直接批評其中是否有謬誤之處，且有時候甚至以《左傳》與《毛詩》對照，以爲同出古文。但對《左傳》與《毛詩》相異之處，亦未多作評論，其意蓋以《左傳》恐經劉歆私改，故對其中異於《毛詩》之說，主張應持闕疑之態度。

十、〈賚〉——錫予善人

《詩序》云：「〈賚〉，大封於廟也。賚，予也。言所以賜予善人也。」大封爲何？鄭《箋》云：「大封，武王伐紂時，封諸臣有功者。」是此大封即周

〔註138〕同上註，頁60。
〔註139〕同上註。

武王行封建分封之事也。《正義》引皇甫謐《帝王世紀》云：「武王伐紂之年，夏四月乙卯，祀於周廟，將率之士皆封諸侯國四百人，兄弟之國十五人，同姓之國四十人。」述祖以為四百當為四十之誤，其云：

> 皇甫謐《帝王世紀》雖皆有所據。《昭二十八年·左傳》曰：「武王克商，光有天下。其兄弟之國者十有五人，姬姓之國者四十人。」《周書·世俘》曰：「時四月既旁生魄，越六日庚戌，武王朝至于周。若翼日辛亥，祀于天位。越五日乙卯，以庶邦祀馘于周廟。」《荀子·儒效》曰：「立七十一國，姬姓獨居五十三人。」則四百當為四十，謐亦約舉成數言之耳，亦未必皆當時事實也。〔註140〕

據《左傳》、《荀子》、《帝王世紀》所言，武王分封為諸侯者，乃將率功臣及同姓兄弟，然《詩序》卻言「錫予善人」，豈不矛盾？述祖則為之申述云：

> 《論語》曰：「周有大賚，善人是富，雖有周親，不如仁人，百姓有過，在予一人。」何晏云：「賚，賜也。言周家受天大賜，富於善人也。有亂臣十人是也。」雖有周親以下，即《墨子》所引武王將事泰山隧之辭。仁人謂太公尚。江熙云：周告天之文也，不雜東晉古文《尚書》，說皆信而可徵。《序》必本之。所以錫予善人者，明文王勤用明德，受天大賜，而武王適當之，故使周家富於善人。〔註141〕

善人即是功臣將率，亦即所謂有亂臣十人者。言文王、武王勤用明德，故善人歸聚，如天所賜，故周家富於善人也。〈長發〉云：「允也天子，降予卿士，實惟阿衡，實左右商王。」亦言湯受天賜，降予卿士。故述祖以為大封功臣，則推本天之所賜，亦為提昇分封之神聖及正當性也。則《詩序》所言賜予善人即分封功臣也，並無矛盾之處。

本詩既為大封諸侯之詩，述祖又推其本源於文王、武王之聖德，其云：

> 〈梓材〉曰：「先王即勤用明德，懷為夾，庶邦享作，兄弟方來，亦既用明德，后式典集，庶邦丕享。」謂文王也。「皇天既付中國民，越厥疆土于先王」，謂武王也。文王勤勞以受天命，武王自謂當之，謙不敢當天之大賚也。言天之所以賜予善人，惟文王之明德也。武王受是先事，當是先事敷布之，陳繹之，思維之，其自彊而不敢解

〔註140〕同上註，頁62。
〔註141〕同上註。

怠者,亦惟十人迪知上帝命,棐備之,往來之,疏附、先後、奔走、
禦侮,惟茲善人,故武王膺大命革殷,皇皇乎憂天下之未定。又惟
我棐祖邦君,求所以定是周所受天之大命,不可不陳繹文王之勤勞,
不可不思惟文王之明德,故又歎息而申誡之。〔註142〕

《序》所言錫予善人,其實皆因文王明德,故爲天所賚。文王勤勞以受天命,
而武王當之,完成克殷伐商大業。而文武之大臣皆自強而「不敢」解怠,故
得分封。述祖以文王之亂臣「不敢」解怠,以不敢形容之,其意是因亂臣十
人乃受文王聖德感昭,知悉天命所在,故盡心輔佐之,故述祖以仁人喻太公,
以善人喻功臣,而皆受文武聖德感召,故大賚功臣於廟所稱頌者,仍繫文王
之德也。

十一、〈般〉——非巡守之詩

　　《詩序》曰:「〈般〉,巡守而祀四嶽河海也。般,樂也。」《詩序》以爲
這是王者巡守祭祀之詩。鄭玄云:「君是周邦而巡守,其所至則登高山而祭之。」
《正義》云:「武王既定天下,巡行諸侯所守之土。」是同《序》之所言,以
本詩爲武王巡守而作也。朱熹《集傳》亦云:「其巡守而登此山。」並無異說。
然〈時邁〉亦言巡守,與本詩有何差別,胡承珙云:「此詩與〈時邁〉相似,
但〈時邁・序〉云:『巡守而告祭柴望也。』此所重在告祭天神,而山川百神
皆在從祀之數,故經首言昊天,然後及百神河嶽。〈郊特牲〉云:『天子適四
方,先柴。』〈堯典〉『東巡守,至于岱宗,柴。』《說文》:『柴,燒碳焚燎,
以祭天神。』鄭〈王制〉注:『柴,祭天告至也。』由此可見〈時邁〉以柴爲
重,望秩山川不過連而及之耳。〈般〉則絕不及柴燎,維祀山川而已。此其所
以不同。況〈時邁〉言『載戢干戈,載櫜弓矢』,明是頌武王初克商後,巡守
祭告之事。〈般〉則通言『陟山翕河,敷天哀對』,似當爲既定天下後,時巡
守四方而作。《正義》不分別二詩之異同,則豈同時武王一時巡守之事,而分
爲二頌邪?於義疏矣。」〔註143〕胡承珙以二詩分別爲初克殷商,巡守告祭而
作〈時邁〉;天下底定之後,巡守四方又作〈般〉。雖以二詩時間不同,但性
質仍是爲巡守而作。述祖則不認爲〈般〉是巡守之詩,他分別從相關書籍尋
求外部證據,又從詩歌內容及性質尋求內部證據。外部證據如:

〔註142〕同上註,頁64。
〔註143〕《續經解毛詩類彙編・毛詩後箋》,冊二,頁2263。

> 武王既克商，二年有疾，周公作〈金縢〉。又三年而崩。計武王克商
> 後在位五年，故〈多方〉曰：「今爾奔走臣我監五祀。」《周禮》「十
> 二歲一巡守。」是武王不得再巡守也。一巡守而〈時邁〉歌之，〈般〉
> 又歌之。一在〈執競〉、〈思文〉之前，一在〈酌〉、〈桓〉、〈賚〉之
> 後，《雅》、《頌》得所，竊有惑焉。則此《序》「巡守而」三字，衍
> 文也。〔註144〕

述祖據〈金縢〉及〈多方〉記載，以武王克商後五年即崩，巡守一次，耗時
費力，當無五年內連續巡守天下兩次之理。且據《周禮》「天子十二年一巡守」，
武王在位五年即崩，時間上亦不容許二次巡守，故定《詩序》「巡守而」三字
衍，其意以〈般〉非巡守之詩也。述祖據《尚書》以武王在位僅五年，大致
可信。然據《周禮》駁武王不得行二次巡守則非。武王之時，《周禮》制度豈
得完備？述祖過信《周禮》爲周家制度，完全不相信何休六國陰謀之說，遂
以《周禮》爲論證依據。就算《周禮》確爲周朝典章制度，但至少也需待周
公完成，武王初定天下，制度未備，《周禮》當不可能於此時即現世。則欲依
《周禮》駁武王之事，實不可據。述祖又以爲巡守一次，無作二詩之理，故
斷〈般〉非爲巡守所作。其理由是依《周頌》篇章次序論斷：〈時邁〉在〈執
競〉、〈思文〉之前，而〈般〉在〈酌〉、〈桓〉、〈賚〉之後，故〈時邁〉可爲
武王巡守詩，〈般〉則不可。《周頌》篇次的次序是否有其含義，見仁見智。
要之孔子《雅》、《頌》得所之說應是就次序其性質作判斷及分配，故述祖以
章篇次序的安排論定兩詩的性質，但其說不明，未能確認其論證方法。蓋以
〈執競〉爲祀武王之詩，〈時邁〉編次在前，當亦爲武王之詩，故可爲巡守之
詩。然〈般〉詩位於〈酌〉、〈桓〉、〈賚〉之後，其詩皆與武王有關，爲何不
以〈般〉爲武王巡守之詩，而必以〈時邁〉當之，述祖未仔細說明。則其外
部證據皆有缺陷，未必有據。

　　述祖的內部證據則從詩辭內容及詩歌所蘊含之義申述，其云：

> 〈時邁〉曰：「時邁其邦」，謂諸侯之邦也。〈般〉曰：「於皇明周」，
> 謂京也。〈般〉不言諸侯之邦而言周京，則非巡守矣。〔註145〕

「於皇明周」，《毛詩》作「於皇時周」，《白虎通義》引作「明周」，述祖據其
爲說。見《毛詩考證・卷四》論「於皇時周，陟其高山」條。《白虎通義》云：

〔註144〕《周頌口義》，卷三，頁65～66。
〔註145〕同上註，頁66。

「於皇明周，陟其高山，言周太平封泰山也。又曰隨山喬嶽，允猶翕河，言望祭山川，百神來歸也。」《白虎通》所載蓋爲《魯詩》，則《魯詩》以本詩乃封禪之詩。述祖不贊成封禪之說，但以明周指周京，與鄭玄泛指周邦不同，然據三家駁《毛詩》，未必能得其實。述祖蓋亦了解此點，故又舉《逸周書‧度邑解》爲佐證。其云：

> 〈般〉與《周書‧度邑》相表裡，蓋王畿千里，兩京匹休，其辨方正位，以建王國者，烈考之大訓，具在此詩。〈地理志〉云：「初雒邑與宗周通，封畿東西長而南北短，短長相覆，爲千里是也。」〈度邑〉曰：「自洛汭延于伊汭居陽無，固其有夏之居，我南望過於三塗，北望過於有嶽，丕顧詹於河宛，詹於伊洛，無遠天室。其曰茲。」此武王度洛邑，以命周公者也。〈般〉詩蓋言周自太王遷邑作京，至武王克商而後通千里爲封畿，五嶽分布，聚以作對於京，此達殷集大命之始也，故以此終〈武志〉。〔註146〕

述祖據〈度邑解〉，以武王克商之後，封畿千里，五嶽分布，故〈般〉言乃祀四嶽河海，並以此詩爲〈武志〉載武王之功的最終章。

第四節　文集中關於《詩經》論點之述評

述祖現存文集《珍藝宧文鈔》中，卷四之內容全爲討論《詩經》之篇章，共討論了《風》、《小雅》、《大雅》、《商頌》部分詩篇，由於範圍涵蓋較廣，更可看出述祖《詩經》學的全面傾向，試就述祖所分篇章逐條闡述。

一、〈凱風〉篇說——美七子幾諫之孝

〈凱風〉爲《衛風》之詩篇，《詩序》云：「〈凱風〉，美孝子也。衛之淫風流行，雖有七子之母，猶不能安其室，故美七子能盡其孝道，以慰其母心而成其志爾。」《序》言衛國有一七子之母，思欲再嫁，再七子盡行孝道，以打消母親再嫁念頭，故作此詩以志之。然《詩序》之說對照詩歌本文，並不甚合。詩辭但言「母氏劬勞」、「母氏聖善」，形容母親辛勤撫養子女成長，但子女卻不能體會母親勞苦之情，故言「我無令人」、「莫慰母心」。《孟子‧告子下》載孟子與公孫丑論此詩曰：「〈凱風〉，親之過小者也；〈小弁〉，親之過

大者也。親之過大而不怨，是愈疏也。親之過小而怨，是不可磯也。愈疏，不孝也；不可磯，亦不孝也。孔子曰：『舜其至孝矣，五十而慕。』」趙岐注云：「莫慰母心，母心不說也，知親之過小也。〈小弁〉言行有死人，尚或墐之，而曾不關己，知親之過大也。」孟子以〈凱風〉與〈小弁〉相比，一者親之過小，一者親之過大，然尚無法看出過失之所在。《易林‧咸之家人》云：「凱風無母，何恃何怙？幼弱孤子，爲人所苦。」〈凱風〉明言母氏聖善，焦延壽卻以爲無母，與《詩序》不同。是其爲《齊詩》之說也。魏源云：「考《後漢書》：姜肱性篤孝，事繼母恪勤。感〈凱風〉之義，兄弟同被而寢，不入房室，以慰母心，則明爲事繼母之詩。或未能慈於前母之子，故與〈小弁〉被後母讒，將見殺者，分過之大小。而孟子復以舜事後母例伯奇之事。若身有七子，不安其室，淫風流行，是於先君無婦道，於七子無母道。昔人言餓死事小，失節事大，矧無餓死之迫，且有公養之孝，不辭婁豬之行，其此過等諸天地之閉，日月之食矣。……或又謂《序》言美七子能慰其母心，而成其志，謂成其母守節之志，故孔疏有母遂不嫁之語，以申〈凱風〉過小之詁。果如是則衛母過在未形，七子已論親於道，閨門泯然無跡。序詩者乃追訐其當初一念之陰，私坐以淫風流行之大惡，以傷孝子之心於千載之下。」〔註147〕魏源所云，除以「失節」繩之乃宋代道學家的論點外，餘皆合理，尤其孟子以〈凱風〉與〈小弁〉並論，復舉舜爲例，確有將兩詩並論之意，而最可能者即兩詩背景相同，皆爲孝子受後母虐待之事。且《詩序》所言「以慰其母心而成其志」，《正義》解云：「以安慰其母之心，作此詩而成其孝子自責之志也。」成孝子自責之志，卻將母淫之惡載於詩歌，流傳千載，此七子又有何孝可言。是《詩序》此說，矛盾頗多，誤人甚深。且考漢代所引有關此詩之文辭，皆以爲人子思母辭，如《後漢書‧東平憲王蒼傳》章帝詔云：「以慰〈凱風〉寒泉之思。」〈清河孝王慶傳〉和帝詔云：「常有〈蓼莪〉、〈凱風〉之哀。」《衡方碑》云：「會喪太夫人，感背人之〈凱風〉，悼〈蓼莪〉之劬勞。」《孔耽神祠碑》云：「竭〈凱風〉以惆悵，惟〈蓼莪〉以愴恨。」若〈凱風〉爲誌母之淫，皇帝無由引以爲誡，是三家詩說當與《毛傳》不同也。

　　述祖說〈凱風〉詩，則仍舊依《詩序》立說，其云：

　　　　〈凱風〉之詩者，美七子之孝也。七子之母而猶不安其室，衛之政
　　　　教之衰也。不言七子諷其母，而言美孝子者，由七子之能盡其孝道，

〔註147〕《續經解毛詩類彙編‧詩古微》，冊三，頁3232。

以成其母之志也。〔註148〕

《詩序》言美孝子也,述祖亦云美七子之孝;《詩序》言衛之淫風流行,述祖則言衛國政教之衰,說詩背景全與《詩序》同。而述祖論〈凱風〉詩詞內容,則大致與《正義》相同,以棘心之難長養喻母親教養之辛勞,以寒泉益浚喻母有七子卻不能養之。最後述祖更申述本詩創作之由,其云:

> 蓋七子欲諫,則恐章其母之過,欲默,則不得已,故作《詩》曰「睍睆黃鳥,載好其音,有子七人,莫慰母心。」言黃鳥猶其音以悅人,而子不能盡其誠以慰母,曾鳥之不若也。君子謂七子能幾諫矣。曾子曰:「從而不諫,非孝也。諫而不從,亦非孝也。孝子之諫,達善而不敢爭辨,爭辨者,亂之所由興也。由己為無咎則窓,由己為賢人則亂,幾諫之道,盡於此矣。」故詩人美之而作〈凱風〉之詩也。
> 〔註149〕

《朱傳》云:「婉詞幾諫,不顯其親之惡,可謂孝矣。」〔註150〕是述祖所言君子者,蓋即朱熹。然朱子《詩序辨說》以本詩「乃七子自責之辭,非美七子之作也。」美子之作乃孔疏的看法。而朱子以為本詩乃為七子自作,以婉詞幾諫其母,為七子自責之辭。述祖則依違於兩人的說法,以七子不敢彰顯母親之過,故作詩幾諫,然而又云詩人美之而作〈凱風〉之詩,是以詩又為詩人代作,其說之矛盾,述祖蓋亦未自覺也。

《珍藝宧文鈔》卷七載有述祖一篇〈書邢節婦事〉之短文,可與本篇參看。其內容大意為:武進縣有一陸氏老婦,年輕時守寡未嫁,育有一女。後其女之夫死,竟不能守節,再嫁,陸氏怒咤其女云:「生無相見,死無相哭。」後寡貧以至老死。述祖書其事,以節婦稱之,並評論云:

> 女喪其夫,飢寒之不免,為父母者,其為女計當何如,顧毅然獨責以廉恥,嫗豈不近人情哉。其與誦《詩》、《書》,以古道繩當世,為世詬病者固殊也。彼其所為非發於中誠而有子孫無窮之慮,名心盡而鄙客之情見矣。嗚呼!若邢嫗之苦節,豈非出於其性者哉。
> 〔註151〕

〔註148〕《珍藝宧文鈔》,卷四,頁1。
〔註149〕同上註,頁1~2。
〔註150〕《朱子全書·詩集傳》,冊壹,頁428。
〔註151〕《珍藝宧文鈔》,卷七,頁1。

述祖雖知邢氏不近人情，但仍盛讚邢氏之苦節，是為得天地之正氣。述祖自幼喪父，全在母親悉心撫養之下，調教成人，故述祖對於節婦守貞之事跡，頗有感觸。而比較〈凱風〉與〈書邢節婦事〉，可以看出，述祖是深受禮教束縛觀念的影響。宋元以後，隨著禮教觀念的加強，守貞節的觀念也逐漸高漲。在《古今圖書集成》之〈閨節〉、〈閨烈〉兩部中所記載之節婦烈女中，先秦有十三人，漢代有四十二人，唐代有五十三人，元代有七百餘人，明代高達三萬六千人，清初有一萬兩千多人。雖然時代久遠，事跡邈茫，或許數據還有更多，但亦可看出明清時代，寡婦守節成為一種風氣。述祖受其母之影響，相當重視這種守節貞操，但卻也突顯他封閉保守的一面。

二、〈碩人〉篇說——以「禮」貫穿全詩

1. 論留車反馬之禮

〈碩人〉詩云：「碩人敖敖，說於農郊。四牡有驕，朱幩鑣鑣，翟茀以朝。」此乃形容莊姜出嫁之隊伍，由近郊入朝之經過。《毛傳》但釋名物，對詩歌含義未多說明，鄭《箋》則云：「說當作襚。《禮》、《春秋》之襚讀皆宜同，衣服曰襚，今俗語然。此言莊姜始來更正衣服于衛近郊。」又云：「莊姜自近郊，既正衣服，乘是車馬以入君之朝。」鄭玄以莊姜於近郊更正衣服，再乘原車馬入朝。《正義》則區分毛、鄭之意，以為毛云：「其初來嫁，則說舍於衛之近郊而整其車飾。」孔穎達據毛公皆不破字，故說當為舍，《釋文》亦云：「毛，始銳反，舍也。」鄭玄則破字為襚。

莊述祖以本段詩句乃述諸侯留車反馬之禮。其云：

> 諸侯夫人來嫁之時，自乘其國之車，至所嫁之國，說之於近郊，何也？禮，后夫人踰閾必乘輜軒。鄭氏〈巾車〉注云：「翟車，如今輧車是也。」諸侯以其夫人之車服送其女，故乘翟車。《周禮》謂幩為總，翟車則飾用組總。詩言「四牡有驕，朱幩鑣鑣」，則所嫁之國於近郊，說夫人之車，以朱總馬易組總馬，而迎夫人以入也。朱總，王后重翟之飾也。夫人始來得用朱總，攝盛也。朱總而乘翟車，下王后也。於是夫人乘其本國之車，以朝於君，故曰翟茀以朝。明夫人自近郊以至於治朝，不下車為禮，安得更正衣服為近郊。〔註152〕

〔註152〕同上註，卷四，頁3。

據述祖所描述莊姜來嫁之場景爲：莊姜出發之時，乘翟車而來，馬之飾爲組
總，組總爲雜色。示在其國不敢飾馬以朱總，若一出發即飾朱總，則爲僭越
矣。莊姜乘翟車，馬飾組總而來，至於衛之近郊之時，衛人說夫人之車，以
朱總馬換組總馬。朱總爲純色，換飾朱總者，即所謂攝盛也。莊姜始出，不
敢以朱總飾馬，至近郊然後以昏禮攝盛焉，乃敬愼之至，於是便乘翟車，馬
飾朱總而入。述祖駁鄭說，以爲自近郊至治朝，皆不下車，不得有所謂更正
衣服之事，則更正者，當爲以朱總馬易組總馬而已。

　　據述祖所云，莊姜乘己國之車馬來嫁，說于農郊之說乃「脫」意，即以
衛國自己準備的朱總馬，換下莊姜自備的組總馬，而組總馬即送返回齊國，
此即反馬之禮。而莊姜所乘之翟車則留在衛國，此即留車之禮，述祖又據〈何
彼襛矣〉云：「曷不肅雝，王車之車」，以爲齊侯嫁女，以其母王姬始嫁之車
送之，故天子、諸侯嫁女皆有留車之禮。述祖並釋其意涵云：

> 留車爲妻之道者，婦人有歸宗之義。反馬爲婿之義者，所以明長久
> 之道也。〔註153〕

妻有歸宗之義，故留車以示未來需歸宗省視。而反馬爲婿之義者，表示不復
出妻回國也，故爲長久之道。《左傳・宣公五年》云：「秋九月，齊高固來逆
女。……冬來反馬也。」何休以爲禮無反馬，故譏之。而述祖則以爲，此乃
譏其自來反馬。反馬當於近郊即行之，不必待到三月後才行反馬。

2. 以「禮後乎」評論〈碩人〉之主旨

　　述祖之所以大費周章，解釋留車反馬之禮，其用意乃在申述詩歌背後所
隱含「重禮」之意涵。《論語・八佾》篇載：「子夏問曰：『巧笑倩兮，美目盼
兮，素以爲絢兮。何謂也？』子曰：『繪事後素。』曰：『禮後乎？』子曰：『起
予者商也，始可與言《詩》已矣！』」素喻禮也，絢喻倩盼也。禮後乎者，謂
君臣之義、朋友之交、夫婦之道，無不需以禮爲本質，藉禮以成之。述祖以
爲《毛詩》之義例即本於此，他並嘗試以「禮後乎」的觀念解釋〈碩人〉詩，
其云：

> 衛之詩人閔莊姜賢而不見荷於莊公，嬖妾驕而上僭，基亂召禍，康
> 叔、武公之餘烈陵夷衰微矣。故本之夫人之始嫁，而言其家世之尊
> 榮、生質之美、輿服之盛，一若美之，一若勉之，而不知實以閔之

〔註153〕同上註，頁4。

也。夫諸侯之昏禮，有求助之辭焉，曰：請君之玉女，與寡人共有
敝邑，事宗廟社稷。故諸侯必娶於諸侯，而《春秋》譏內娶，所以
防威勢之下流也。諸侯壹聘九女而不再娶，所以重繼嗣，節人情也。
是以摯妾媵幸，無由上僭，以弭亂端，禮之至也。夫人始至乘翟車，
自蔽第以朝於君之朝，然後入。入即正寢，所以正內外之治也。故
禮昏義必推極於天子與后，后聽天下之內治，以明章婦順，故天下
內和而家理。天子聽天下之外治，以明章天下之男教，故外和而國
治。教順成俗，外內和順，國家理治，謂之盛德。〔註154〕

〈碩人‧序〉言：「閔莊姜也。莊公惑於嬖妾，使驕上僭，莊姜賢而不答，終
以無子，國人閔而憂之。」《左傳‧隱公三年》亦云：「衛莊公娶于齊東宮得
臣之妹，曰莊姜，美而無子，衛人為賦〈碩人〉也。」述祖依《序》論說，
並把「禮」之觀念貫穿在整首詩詞之。《序》言閔莊姜，但內容卻著重於形容
莊姜身世之貴、容貌之美及婚嫁之盛，朱子《集傳》以為此乃「以見其為正
嫡小君，所宜親厚，而重歎莊公之昏惑也。」〔註155〕述祖亦深痛乎莊公之有
惑志，不能繼先公王業之因亦由於此也，於是詩人表面上詠莊姜之美好，實
際惋惜莊姜既有美好資質，然莊公卻惑於嬖妾，故吟詩以刺莊公也。此乃較
傳統解釋方式。不過述祖又更進而提出以「禮」之觀念分析詩歌意旨。詩歌
盛言莊姜之美、資質之好，以為德備方能禮備，禮備、官備，足以和順其家，
卻不答於莊公，是莊公自棄禮也。述祖又引詩言「葭菼揭揭」，以為葭菼依堤
防而生，陽坊得葭菼而益固，以喻室家之道，以色親，以禮成，以德固，喻
莊姜有孔固之德，可以佐莊公，奈何莊公自棄禮義，不見答於莊姜也。

因此，〈碩人〉詩表面雖詠莊姜，實則閔其不見答，而更深一層的含意，
便是禮教之敗壞，莊公棄禮，詩人諷喻。孔子曰：「詩三百，一言以蔽之，曰：
思無邪。」述祖以為所以無邪者，正是以禮貫穿三百篇詩歌，詩三百皆是以
禮為後，故可以無邪也，而《毛詩》之義例亦正在此。

三、〈氓〉、〈行露〉二篇說——申明禮教之重要

述祖將〈氓〉與〈行露〉並提而論，其主旨表達即在於一「禮」字。〈氓‧
序〉云：「刺時也。宣公之時，禮義消亡，淫風大行，男女無相別，遂相奔誘。

〔註154〕同上註，頁6～7。
〔註155〕《朱子全書‧詩集傳》，冊壹，頁452。

華落色衰,復相棄背。或乃困而自悔,喪其妃耦,故序其事以風焉。美反正,刺淫泆也。」《詩序》言男女相奔,復又相棄,是其淫風大行,而觀詩歌內容,主要乃敘述女主人遭受丈夫粗暴對待時的悔恨之詞。然《易林・蒙之困》云:「氓伯以婚,抱布自謀。棄禮急情,卒罹悔憂。」焦延壽以爲悲劇肇因於女主角背棄禮教,故有此悔,是漢時已有將過錯歸咎於女主角背禮之說。其後,鄭玄、孔穎達亦皆以本詩爲棄婦怨夫之詩,並未突出禮教之失的過錯。降至宋儒,則又逐漸把將被棄責任歸諸於女主角身上,如蘇轍云:「託買詩而就之,謀爲淫亂也。」〔註156〕似不以兩人結合爲正式婚姻。朱子更直接以淫婦稱此女,《朱傳》云:「此淫婦爲人所棄,而自敘其事,以道其悔恨之意。」〔註157〕自朱子道此婦爲淫婦,學者便開始將遭棄的原因歸於此段婚姻之不合禮數。輔廣《詩童子問》云:「〈氓〉之詩則怨而悔之耳,其辭隱,蓋其初之不正也。」又曰:「雖云曲不在己,殊不知始既如此,則其終故宜然也。」以「不正」形容女主角,而將遭棄責任歸因於女主角開始時之「不正」。楊簡(1141~1225)《慈湖詩傳》亦云:「時女未見誘,情未交親,故謂之民。至於已見誘而情親,故稱之曰子。往往男約女奔,後女愧恥而止,男復至以爲問,故女曰:匪我愆期,子無良媒。故我心愧而止,庶幾子無怒,秋以爲期。」又云:「此似正婚而無媒,遽誘而交親,亦淫泆矣。」對於女主角之不正,開始尋找詩詞中之證據,以無媒爲不合禮數而行淫泆之歡,致有此悔恨。

述祖說《詩》,並不奉《朱傳》,然論〈氓〉詩時,仍依此一思路論述,他說本詩失禮之處有二:

1. 子無良媒

> 方其來謀之時,女慍而謂之曰:非我過期而有待,奈何子獨無良媒以通意於我父母兄弟乎。〔註158〕

2. 卜筮違禮

> 男謂之曰:子無怒,吾歸卜筮,秋時來逆子。《禮》曰:「買妾不知其姓則卜之。」卜筮云爾,夫竟不以爲妻也。〔註159〕

〔註156〕《詩集傳》,卷三,頁14。
〔註157〕《朱子全書・詩集傳》,冊壹,頁454。
〔註158〕《珍藝宦文鈔》,卷四,頁9。
〔註159〕同上註。

《儀禮・士昏禮》載昏禮行納采、問名之後，又有「加諸卜」之儀式，鄭玄云：「卜其吉凶」，是婚禮之正禮確有卜筮之習。然述祖卻據《禮記・曲禮上》「買妾不知其姓則卜之」，以爲氓不將其視爲正妻。述祖蓋以爲此段婚姻既無媒人成之，則卜筮之儀式亦不合禮，故以「買妾」視之。並批評女主角不能「自蔽其醜」。

雖然述祖以爲此段婚姻有違失禮節之處，但他基本上是同情女主角的遭遇，他說：

> 蓋女始終一心乎君子，而夫棄之，女不爽也。是士貳其行也，士之
> 罔極也。〔註 160〕

相對於〈氓〉之失禮自悔，《召南・行露》則爲女子守禮不嫁之時，故述祖將兩詩作一對比。

〈行露・序〉云：「召伯聽訟也。衰亂之俗微，貞信之教興。彊暴之男不能侵陵貞女也。」《毛傳》云：「終不棄禮而隨此彊暴之男。」鄭《箋》云：「彊暴之男以此多露之時，禮不足而彊來，不度時之可否。」是皆同《詩序》以貞信讚〈行露〉之女主角，不受彊暴之男的侵陵。《列女傳・貞順傳》則指實爲申女守禮之事，其云：「召南申女者，申人之女也。既許嫁於酆，夫家禮不備而欲迎之。……女終以一物不具，一禮不備，守節持義，必死不往。」劉向所載蓋《魯詩》之說，此與毛微異，毛以爲男子乃彊暴無禮之人，故女主角不願棄禮而委身。《魯詩》則以爲夫家禮不備，不願委身而往。胡承珙云：「既曰許嫁矣，一禮不備，何至誓死不行。范衡州云：『如《魯》、《韓》說，以閨門之處子求全責備至於構訟不顧，豈無父母之命，媒妁之言乎？』承珙按：《毛傳》云：『不從，終不棄禮而隨此彊暴之男。』蓋在當時必有女氏未許而男子強求之事。觀經文『亦不女從』，詞旨決絕，必非已許嫁者可知。《箋》云：『室家不足，謂媒妁不和，六禮之來彊委之。』此說最爲近理。」〔註 161〕胡承珙所云有理，可從。

述祖論〈行露〉詩則依《列女傳》爲說，亦以爲女子已許嫁，但夫家禮、物不備，故不往，乃至於速訟。述祖評論云：

> 苟不以禮而至陵遲，其霑濡可勝道哉。蓋人情至變，信誓難憑，其
> 事非一一可復，後雖欲自明，徒爲人所訕笑耳。思之思之，誠不可

〔註 160〕同上註。
〔註 161〕《續經解毛詩類彙編、毛詩後箋》，冊二，頁 1666。

> 斯須去禮也。……無禮謂之彊暴，有禮謂之貞信。大爲之防，誰敢
> 踰之，始焉不能侵陵，終焉不至棄背。〔註162〕

〈氓〉詩因開始未能守正禮而行，終遭暴力相向，後雖欲自明己志，徒遭兄弟所哂笑；而申女守禮，不以一物未具而往，一開始便表現出剛毅守禮之個性，故「始焉不能侵陵，終焉不至棄背。」故男女之際，豈可無禮以防之哉。述祖將這兩詩對比，突出禮教的重要性，更顯示出他深受封建禮教教育的影響，這是時代使然，我們無由苛責。然述祖除著重禮教之外，對詩歌女主角之遭遇仍是同情的，未出惡言相向，這也是值得稱許的。

四、〈大車〉、〈揚之水〉、〈式微〉、〈旄邱〉四篇說——論《王風》載申、息方國詩之原由

《王風‧大車‧序》云：「刺周大夫也。禮義陵遲，男女淫奔，故陳古以刺今大夫不能聽男女之訟焉。」今觀詩詞，言「豈不爾思，畏子不奔」、「豈不爾思，畏子不敢」「穀則異室，死則同穴」，明顯是男女愛情誓言之詞，然《毛傳》以子爲子大夫，畏子不敢，乃謂「畏子大夫之政，終不敢。」鄭玄、孔穎達皆據毛說引申。然此說總覺與詩意隔上一層。《烈女傳‧貞順傳》載息夫人之本事，云：「楚伐息，破之，虜其君，使守門，將妻其夫人而納之於宮。楚王出遊，夫人遂出見息君，謂之曰：『人生要一死而已，何至自苦？妾無須臾而忘君也，故不以身更貳醮，生離於地上，何如死歸於地下乎？』乃作詩曰：『穀則異室，死則同穴。謂予不信，有如曒日。』息君止之，夫人不聽，遂自殺。息君亦自殺，同日俱死。」劉向以一段凄悲之愛情故事以爲詩歌本事，與詩詞所言亦甚吻合，頗爲可信。然而卻有一問題存在，即息夫人之故事乃楚國與息國之事，何以會載於《王風》之中。魏源辨之云：「蓋申、息皆畿甸之國，且楚之北門而東周之屏蔽也。申、息亡而楚遂憑陵中原，故錄戍申、哀息二詩於《王風》，明東周不振之由，見黎許無風而附於衛，見衛爲狄滅也。」〔註163〕

述祖論〈大車〉之詩，亦以〈揚之水〉、〈式微〉及〈旄邱〉爲說，魏源之說蓋即由述祖所啓發也。茲錄述祖說法如下：

> 《王風》何以得有列國之事，曰：此東遷以後又一變也。自桓王爲

〔註162〕《珍藝宦文鈔》，卷四，頁9～10。
〔註163〕《續經解毛詩類彙編‧詩古微》，冊三，頁3238。

鄭所敗，其後疆國數見侵削。莊、僖之間，王畿外諸國，虞虢滅於
晉，申、呂及息滅於楚，樊離既徹，楚遂至雒觀兵於周疆矣。息之
亡也，何不可序於王國之變風哉。〈揚水〉之詩言者侯之戌申、戌甫、
戌許，代者不至，戌者懷歸，蓋政令之不行久矣。平王不知脩其德
政，以撫其民而復文武之業。再傳之後，申、呂、諸姜忽焉不祀，
雖遠勞屯戌，何益哉？激揚之水，不流束薪；煩急之政，無救敗亂。
申、呂及息之亡，東周之所以日替也。黎亡見於《邶風》，責衛不能
脩牧伯之職。息亡見於《王風》，傷周徒建空名於諸侯之上，幾不能
自保其王室之尊。〔註164〕

魏源之說雖出自述祖，但魏源是反對《毛詩》，而述祖則以息夫人之事爲本事，
《詩序》之說爲《毛詩》義例，天子之令不行於諸侯國，故息之滅於楚，不
可責周天子，故《毛詩》迂迴其說，以示警惕，乃不得不然之作法。此亦可
看出，述祖與今文學派仍有著相當距離，述祖之探今文說法，只是爲更鞏固
自己心目中的古說，表現在《詩經》上即爲《毛詩》。他說：

此元王詩之可通於《毛詩》義例者也，故有取焉。〔註165〕

之所以取元王詩之說，乃應其可與《毛詩》義例相通，方取其說，可見他是
盡力爲三家詩中可取之說與《毛詩》連繫，可爲表裡，也可爲引申發揮，雖
云宗《毛》，實亦不廢他說。雖然，這之間的連結關係是否可令人信服存在疑
問，況且《左傳·莊十四年》所載楚滅息之事便完全不同，《左傳》載楚子「以
息媯歸，生堵敖及成王焉。」明顯與《烈女傳》不合。述祖曾以《左傳》可
能遭劉歆擅改，主張對《左傳》異於《毛詩》之處應持闕疑之態度，故此處
不舉《左傳》之說。

五、〈鴟鴞〉篇說——申述周公之志

〈鴟鴞〉之詩，借鳥言控訴鴟鴞凶鳥，取子毀室之惡，並藉以自惕。《詩
序》云：「〈鴟鴞〉，周公救亂也。成王未知周公之志，公乃爲詩以遺王名之曰
鴟鴞焉。」《序》說蓋據《尚書·金縢》爲說，可謂有據。然而學者對〈金縢〉
「我之弗辟，我無以告我先王。」之辟字卻有不同解釋，鄭玄以爲辟居東都
而非東征，於是對於〈鴟鴞〉詩究竟作於東征前或東征後，便有不同兩派解

〔註164〕《珍藝宧文鈔》，卷四，頁12。
〔註165〕同上註。

釋。述祖對此問題的態度，已於《周頌口義》論〈閔予小子〉及〈訪落〉之時說明，而述祖論述〈鴟鴞〉詩時立場亦與之相同。

在述祖所建構的古史認知中，以周公在東征之前，曾與成王及群臣謀議於武王廟，討論是否東征。而據〈大誥〉記載，當時群臣皆不贊成東征，而所持之理由有三：一則艱大之說，一則民不靜在王宮邦室之說，一則考翼之說。

> 方公之未東也，邦君御事，眾議不可征者并為一談，而其所執之義，
> 一則艱大之說也，一則民不靜在王宮邦室之說也。一則考翼之說也。
> 三者惟考翼之說尤深中於人心而不可破。〔註166〕

所謂考翼之說，指武王立武庚，奉殷祀，並曾示天下不復用兵。若征伐之，是對武王之命不敬也。況且二叔乃骨肉至親，應當孝敬退讓，以弭戰禍。但在周公堅持之下，東征成功，姬周亦得延續嗣火。然據〈金縢〉所說，周公東征成功後，曾寄成王〈鴟鴞〉以明志，可見成王對周公仍未釋疑。是時天下已定，而周公猶言「曰予未有室家」者，欲諭成王不可輕忽微禍：

> 蓋鳥之積日累功，以成此攻堅之室者，萑苕至弱，桑土至微，然而
> 不可急也。風雨驟至，曾巢已傾，戶牖漂搖，雖悔何及，則前有大
> 鳥之難，後有下民之侮，而獨沾沾於殷孽之是翦栽。不黜殷命，則
> 不能致太平，不致太平，猶之未有室家也。所以黜殷命者，本以欲
> 致太平而保室家也。〔註167〕

周室自后稷始基靖民，十五王而文始平之，此所謂有邰家室，乃積日累功而成之者，〈鴟鴞〉詩之言詞懇切，雖然成王一時未能明白周公心意，但亦有所覺知，而待風雷之變後，成王執書以泣，信以發志，若決江河，沛然之能禦，終得以明周公之心志。述祖云：

> 吾謂成王之迎周公，雖警動於風雷之變，而亦〈鴟鴞〉之詩先有以
> 覺悟之也。〔註168〕

述祖於〈周頌口義〉之中已對周初歷史背景作出推測，他推論之標準，乃以聖賢之志比喻周公，以純臣形象美化周公作為，以為周公並無踐阼之事。而〈鴟鴞〉之詩更是周公表明心志的作品，故對之作出評論。述祖雖身處乾

〔註166〕同上註，頁 13。
〔註167〕同上註，頁 14。
〔註168〕同上註。

嘉盛世，但乾隆時期和珅專權，述祖秉性耿直，故曾遭受其害，無法在仕途上得意，因此述祖一再美化周公純臣形像，闡明周公心志，蓋對和珅的專權有所諷刺也。

六、〈雨無正〉篇說——刺幽王、平王

《詩序》云：「〈雨無正〉，正大夫刺幽王也。雨自上下者也。眾多如雨，而非所以爲政也。」《詩序》所謂眾多如雨，未知所指。鄭《箋》以此詩爲刺屬王，眾多如雨指「王之所下教令眾多而無正也」，《正義》從之。蘇轍《詩集傳》亦依之云：「雨之至也，不擇善惡而雨焉。幽王之世，民之受禍者如雨之無不被也。夫雨豈嘗有所正雨哉，此所以爲雨無正也。」〔註169〕此皆以「雨無正」指政令不正。朱熹《詩集傳》引元城劉氏云：「嘗讀《韓詩》有〈雨無極〉篇，《序》云：『〈雨無極〉，正大夫刺幽王也。』至其詩之文，則比《毛詩》篇首多『雨其無極，傷我稼穡』八字。」〔註170〕此則以《韓詩·雨無正》首句有「雨其無極」等八字，故取名爲〈雨無極〉，今本則佚此八字。然朱熹又云：「愚按：劉說似有理，然第一、二章本皆十句，今遽增之，則長短不齊，非詩之例。」〔註171〕則朱熹亦未敢肯定。除《毛》、《韓》之說外，歐陽修《詩本義》則直言：「古之人于詩多不命題，而篇名往往無義例。其或有命名者，則必述詩之意，如〈巷伯〉、〈常武〉之類是也。今無雨正之名，據《序》所言，與詩絕異，當闕其所疑。」姚際恆亦曰：「此篇名〈雨無正〉，不可考，或誤，不必強論。」〔註172〕此則以篇名無意，不必於此問題深論。大陸學者劉釗據甲骨卜辭有「令雨正」、「雨不正辰」之載，以爲正常訓爲適當之意，謂雨無正者即雨無當，亦即雨下得不合適，借以喻統治者政令邪慝，賞罰不中。〔註173〕此說實仍同鄭玄以雨無正喻教令不正，然而仍未解決何以詩句無雨無正，而篇名仍取之的問題。

述祖論〈雨無正〉，以爲乃作於犬戎禍後，平王、攜王二王並立之時，其云：

〔註169〕《詩集傳》，卷十一，頁 18 下。
〔註170〕《朱子全書·詩集傳》，冊壹，頁 596。
〔註171〕同上註，頁 596～597。
〔註172〕《詩經通論》，頁 211。
〔註173〕說見劉釗：〈卜辭雨不正考釋〉《殷都學刊》2001 年，第 4 期，頁 1～3。本說亦見於季旭昇先生〈雨無正解題〉《古籍整理研究學刊》，2002 年。季先生之文章亦曾發表於第十三屆中國文字學全國學術研討會，時間約比劉釗先生發表時間早半年，特此註明。

謂之雨無正者，雨自上而下，猶王者之教令自上下者也。二王並立，

侯伯卿士眾多如雨，人自爲正，而非天下所以爲正也。〔註174〕

述祖吸取《詩序》與鄭《箋》之說，以雨自上而下喻教令自上而下，眾多如
雨則爲二王並立，侯伯卿士眾多如雨，人自爲正，不以天下爲正，故謂之雨
無正。然述祖以爲詩作於二王並立之時，實乃刺平王不能復先王之業。但對
於《詩序》刺幽王之說又不敢捨棄，於是創爲刺平王兼刺幽王之說。

〈雨無正〉之詩者，正大夫之侍御於王者作此，刺幽王之無道，以

至失國。而平王又不能復先王之業，棄其舊都也。〔註175〕

董仲舒天人三策曾提出災異譴告之之說，以爲「國家將有失敗之道，而
天迺先出災害以譴告之；不知自省，又出怪異以警懼之，尚不知變，而傷敗
乃至。」述祖亦據董說論〈雨無正〉，其云：

天之於人君，至無已也。國家將有失敗之道，先惕之以災害。尚不

自省，又警之以怪異，使非大無道者，天未有不扶持安全之，故〈大

誥〉曰：「天降威，知我國有疵，民不康。曰：予復，反圖我周邦。」

此周之所由興也。「旻天疾威，弗慮弗圖」，此周之所由廢也。〔註176〕

天降災異，百川震動，山冢卒崩，然幽王仍不覺悟，故天怒於上，民怨於下，
禍亂並興，斬伐國脈，此刺幽王之無德也。

幽王既死，平王東遷，卻不能復周之王業，於是述祖又接著批評平王：

向使平王覺悟而知自爲慮，自爲圖，痛心疾首，不忘君父之仇，收

豐鎬之遺民，而脩文武成康之政，日夜淬屬，克復王都，外攘犬戎，

內撫諸夏，不數年而周之疆土復完，周之景命復融矣。慮不出此，

而苟且旦夕之安，局處一隅，以爲室家之計。獨不思彼黍離稷實者，

又何人之宗廟宮室也。鼠思泣血，言出而見疾矣。戎成不退，飢成

不遂，棄法言之正軌，蹈覆轍之迷途。下令則眾多如雨，用賢則輕

如轉石，去佞則重如拔山。在位者皆不可任使之人，容身者盡巧言

如流之輩，寧得罪於君，無取怨於友，睽孤特立，上下狐疑，不畏

於天，莫可用諄，此誠不終日之計也。〔註177〕

〔註174〕《珍藝宧文鈔》，卷四，頁 16。

〔註175〕同上註。

〔註176〕同上註。

〔註177〕同上註，頁 18。

批評平王之言辭，洋洋灑灑，可見述祖以爲詩歌諷刺對象著重於平王不能復修周業，遂致春秋、戰國之亂。此與《詩序》之刺幽王絕不相同，但述祖仍牽合二者，可見述祖維護《詩序》之用心。

　　述祖論〈雨無正〉，提出此乃西周覆滅，二王並立之時所作。二王並立之說主要見於孔穎達《春正左傳正義》所引《汲冢竹書紀年》之文：「平王奔西申，而立伯盤以爲太子，與幽王俱死于戲。先是，申侯、魯侯及許文公立平王于申，以本太子，故稱天王。幽王既死，而虢公翰又立王子余臣于攜，周二王并立。二十一年，攜王爲晉文侯所殺。以本非適，故稱攜王。」幽王廢宜臼之後，宜臼逃至西申，被擁立爲天王。而幽王死後，虢公翰又立公子余臣爲周王，號稱攜王。這段二王并立的時期，歷時多久，述祖直據《竹書紀年》所載以爲共二十一年，然王國維《古本竹書紀年輯校》則以二十一年乃指晉文侯二十一年，距幽王被殺有十二年，則二王並立時期爲十二年。《左傳·昭公二十六年》云：「攜王奸命，諸侯替之，而建王嗣，用遷郟鄏。」依左氏所言，似攜王先立，平王後立。述祖則批評云：

> 以當日之時勢揆之，宗周既滅，天下無君，世子宜臼廢非其罪，固宜立者也。諸侯之建王嗣，豈得待攜王既替之後哉。攜王未立爲君，則不得謂之攜王。攜王既立積年，則平王之立，不得在攜王既替之後。〔註178〕

述祖以爲二王並立並非《左傳》所言攜王先立，平王後立也，述祖所駁有理。此二王並立時期，當是王室分割，內亂未定，政令紛紜，東周復興無望，於是侍御之臣在痛心疾首的情形下寫出此詩。

> 當此之時，二王並立，諸臣蕩析離居，卿士莫可夙夜供職也，侯伯莫可朝夕王所也。人心未壹，天位亦搖，庶曰式臧，覆出爲惡，此詩人所爲痛哭流涕於弗慮弗圖，而呼天以愬之也。〔註179〕

　　李山在其《詩經的文化精神》一書中亦以爲二王並立時期是《詩經》創作取材來源的一段主要時期，他說：「《小雅》中不少在思想和藝術上均屬上乘的政治抒情篇章，就誕生在這個十年期裡。」〔註180〕其中包括〈節南山〉、〈正月〉、〈雨無正〉、〈小旻〉、〈抑〉及〈都人士〉等，與莊述祖的理解有不

〔註178〕同上註，頁17。
〔註179〕同上註，頁17～18。
〔註180〕李山：《詩經的文化精神》（北京：東方出版社，1997年），頁225。

謀而之處，亦可備一說。

七、〈生民〉篇說——駁舊說之十失

《珍藝宧文鈔》所載論《詩》條目，自〈生民〉始，下接〈既醉〉、〈鳧鷖〉、〈玄鳥〉，述祖皆依經文順序，並約舉《毛傳》、鄭《箋》、《正義》之文，逐段闡釋其大義。

述祖論〈生民〉詩，針對舊說提出十項質疑，其說如下：

> 〈生民〉之詩，說者多失，惟《傳》義爲最醇。鄭取《魯》、《齊》、
> 《韓》三家之說，以與《傳》違。王肅述毛又以其說坿益傳文以難
> 鄭，其餘於王基、馬昭、孫毓諸家，辨論皆不得其要領。謂姜嫄履
> 大人跡者，一失也。《魯》、《齊》、《韓》三家舊說也。司馬遷、褚少
> 孫、劉向說皆同。謂姜嫄爲帝嚳元妃者，二失也。本《大戴禮記·
> 帝系篇》，亦好事者坿益之。劉歆、班固、賈逵、馬融、服虔、王肅、
> 皇甫謐等，皆以爲然。謂帝爲高辛氏之帝，及從於帝而見於天者，
> 三失也。此王肅增益傳文以駁鄭謂帝爲上帝之說。謂帝嚳崩後十月
> 而后稷生，故棄之者，四失也。馬融之妄說也，而肅以融言爲然。
> 謂先生爲首子者，五失也。《箋》、《疏》之誤解《傳》意也。謂禋祀
> 以求無子，終生子者，六失也。見劉向《列女傳》，本元王詩，亦《魯
> 詩》也。謂姜嫄異后稷，故棄之者，七失也。《箋》與《傳》違者也。
> 謂帝嚳承天意而異之天下者，八失也。謂堯命使后稷事天以顯神順
> 天命者，九失也。皆肅增改《傳》文以駁鄭者也。謂肇祀爲郊兆之
> 祀，及后稷於郊祀天者，十失也。《箋》與《傳》違者也。〔註181〕

述論所論之十失，大致上仍是反駁鄭玄及三家詩的說法，至於《毛傳》本身有矛盾之處，則視爲王肅所增益，以下就各失論之：

1. 論第一失「謂姜嫄履大人跡者」

《史記·周本紀》云：「姜嫄出野，見巨人跡。心忻然說，欲踐之，踐之而身動如孕者。居期而生子，以爲不祥，棄之隘巷。」此蓋《魯詩》之說。《毛詩正義》引《五經異義》云：「詩《齊》、《魯》、《韓》、《春秋公羊》說聖人皆無父，感天而生。」則三家詩說〈生民〉可能如《史記》所載，以姜嫄踐巨

〔註181〕《珍藝宧文鈔》，卷四，頁20～21。

人跡而感孕。《毛傳》不信神異之說，釋「履帝武敏」云：「從於帝而見於天，將事齊敏也。」改造神話傳說成為平凡的歷史記錄。述祖推崇《毛傳》，亦不言神話怪異之說，故其申述毛義：

> 舊讀敏為畝者，蓋推言后稷得以配天之意，由其躬耕畎畝之事，以踐天之跡。踐天之跡者，后稷藝之，天降之，與天合一也。故天歆饗其利民之功而左右也。攸止者，天之所止也。《公羊傳》曰：「自內出者，無匹不行。自外至者，無主不止。」此王者以祖配天之義也。三家不得其說，固不如毛義為長。《周頌·維天之命》言文王與天同德曰純，〈生民〉言后稷與天同德，曰敏。《禮·中庸記》曰：「純亦不已」，則敏亦不已也。校破字讀，畝義為長。震，動。恪。恭。夙，早。從事於田野，以盡其四支之敏，生殖百穀，長育民人，皆言后稷播百穀以利民之事，所謂踐天之跡也。〔註182〕

述祖引申毛義，否定踐跡感孕之神話傳說，這也代表著儒家自孔子以來不言怪力亂神的主張實踐。然而神話故事所代表的意涵，在近代西方心理學家榮格（Carl Gustav JUNG, 1875～1961）及坎伯（Joseph Campbell, 1904～1987）等人的研究下，提出神話具有集體潛意識的象徵意涵，我們不能用歷史或實證的角度來理解神話，反而需進一步去發掘神話之中所蘊含的精神性訊息。當然，我們不能由此苛責莊述祖等典型儒家學者，他們受限於時代的影響，無法了解神話語言的意義。然而，他們對神話採取實證的態度，不為神異傳說迷惑的精神，仍有值得讚揚的一面。

2. 論第二失「謂姜嫄為帝嚳元妃者」及第三失「謂帝為高辛氏之帝及從於帝而見於天者」

以姜嫄為帝嚳元妃者，出於《大戴禮記·帝繫》云：「帝嚳卜其四妃之子，而皆有天下。上妃有邰氏之女也，曰姜嫄氏，產后稷。」《大戴禮記》除以姜嫄為帝嚳妃外，更以后稷、契、堯、摯為兄弟，劉歆、班固、賈逵、馬融、服虔、王肅、皇甫謐等人皆從此說。然鄭《箋》云：「姜姓者，炎帝之後，有女名嫄，當堯之時，為高辛世之世妃。」世妃者，孔穎達以為乃後世子孫之妃，《正義》云：「鄭以《命歷序》云：『少昊傳八世，顓頊傳九世，帝嚳傳十世。』則堯非嚳子，稷年又少於堯，則姜嫄不得為帝嚳之妃，故謂高辛氏後

〔註182〕同上註，頁23。

世子孫之妃。」從《尚書‧堯典》記載來看,堯在位七十載崩,舜方重用契與稷,且禹又與稷「播奏庶艱食」,若契、稷爲堯之兄弟,當已老朽矣,又何能擔任如此苦差事。除非堯在位之記載有誤,否則實難說通。

　　述祖既認爲以姜嫄爲帝嚳元妃之說爲一失,自不認同《大戴禮記》之說。他以爲帝嚳雖有四妃,但非戴德所云姜嫄、簡狄等四人,述祖但以有邰氏、有娀氏、陳鋒氏、娵訾氏稱之,其云:

> 有邰氏之女,未必即姜嫄,何也?姜嫄爲后稷之母,而帝嚳至稷則
> 非一世也。時有邰國,絕已久。故堯封后稷於邰,亦所以順帝嚳四
> 妃子孫皆有天下之卜。〔註183〕

述祖依據世系否定戴德以姜嫄、簡狄四人爲帝嚳妃之說,但卻依舊採用卜四人皆有天下之說,可謂矛盾矣。然而《毛傳》亦云:「后稷之母,配高辛氏帝焉。」則毛公似亦贊同姜嫄爲帝嚳妃。述祖爲維護己說與《毛傳》,只得以這段文字爲王肅所加,其云:

> 周人立姜嫄廟,不立帝嚳廟。《易》曰:「過其祖,遇其妣」,故《傳》
> 但言后稷之母。王肅據〈元鳥〉傳文增「配高辛氏之帝焉」句。〈元
> 鳥〉傳曰:「湯之先祖,有娀氏女簡狄,配高辛氏帝。帝率與之祈於
> 高禖而生契。」以釋「天命元鳥,降而生商」之義。此釋「厥初生
> 民,時維姜嫄」,故曰:「姜嫄,姜,姓也。后稷之母。」言后稷生
> 於姜嫄,與彼《傳》不同,知爲坿益也。〔註184〕

述祖僅與〈玄鳥‧傳〉比較,其實並無堅強論據可證此段文字出於王肅附會。實則〈帝繫篇〉之記載當非空穴來風,蓋古史傳聞自有此說,若欲根據某說否定某說,恐有顧此失彼之憂,對於古代帝王世系,吾人大可以神話傳說看待,不必定要在邈茫古史中理出頭緒來。

3. 論第四失「謂帝嚳崩後十月而后稷生,故棄之者」及第五失「謂先生為首子者」

　　詩言「誕彌厥月,先生如達」,《毛傳》云:「姜嫄之子,先生者也。」先生爲何意?毛公未說明清楚。鄭《箋》釋云:「大矣后稷之在其母,終人道十月而生,生如達之生,言易也。」鄭玄只以生子容易,未解「先生」何意。《正

〔註183〕同上註,頁28。
〔註184〕同上註,頁22。

義》則引申云：「以人之產子，先生者多難。此后稷是姜嫄之子最先生者，應難而今易，故言先生以美之。」孔穎達以爲先生乃指后稷爲首胎，首胎最難生，而后稷爲易，故云先生如達。述祖則駁斥「先生」爲首胎之說，以此爲說〈生民〉詩之第五失。他以爲先生爲不及月而生，其云：

> 《傳》訓達爲生，則如當讀而，言先人之生而生也。終其月者，人十月而生。天生聖人，有異於人，或過其月，或不及其月也。不及其月者，多坼副菑害。天以是顯其神靈而窓億之，使康其禋祀，故非坼副，非菑害，終其月而生子，不加病焉。〔註185〕

古如、而可通，《傳》既訓達爲生，則詩「先生如達」即「先生如生」，亦即「先生而生」，述祖的推論合理，可從。而《五經小學述》中亦有相關論述，可參看第參章第五節。故據述祖所言，毛義當亦指不及月而生也。

4. 論第六失「謂禋祀以求無子，終生子者」

詩云：「生民如何，克禋克祀，以弗無子」，《毛傳》云：「禋，敬。弗，去。去無子，求有子。」鄭《箋》亦云：「乃禋祀上帝於郊禖，以祓除其無子之疾。」毛鄭之說似同，然鄭玄是採取姜嫄履巨人跡而懷孕之說，故他以爲這是在無故懷孕之前禋祀於上帝，祈望得子。後來不感而孕，擔心時人不信，故而拋棄后稷。然而劉向《列女傳・母儀傳・棄母姜嫄篇》云：「當堯之時，行見巨人跡，好而履之，歸而有娠，浸以益大，心怪惡之。卜筮禋祀，以求無子，終生子，以爲不祥而棄之。」劉說出自《史記・周本紀》，當皆本於《魯詩》，則《魯詩》當作「去有子，求無子」，與毛鄭適相反。

據〈生民〉詩行文順序來看，「以弗無子」在「履帝武」之前，不應在未孕之前即祈求無子。然而若生子乃姜嫄之願，又何以會將后稷棄之荒野，這些疑點，均造成《毛》、《魯》說詩南轅北轍的結果。其實姜嫄之所以會拋棄后稷，「誕彌厥月，先生如達。不拆不副，無菑無害。以赫厥靈，上帝不寧。不康禋祀，居然生子」這段文字應該便是解釋姜嫄行爲的原因。而述祖以爲《列女傳》所云「以求無子，終生子」者，爲說詩之失，並舉《毛傳》訓禋爲敬，又據《禮記・月令》所載爲高禖，以爲鄭玄改爲郊禖者，是爲符合三家神跡之說，以爲出祭於郊，方得踐巨人之跡也。述祖從《毛傳》不以神異說詩的態度，故凡是有關於踐巨人跡，不感而孕之說，一概斥爲說詩之失。

〔註185〕同上註，頁 24。

5. 論第七失「謂姜嫄異后稷，故棄之者」第第八失「謂帝嚳承天意而異之天下者」

〈生民〉之詩最具傳奇性的部分，便是姜嫄將后稷棄置荒野之時，動物卻前來保護后稷，「誕置之隘巷，牛羊腓字之。誕置之平林，會伐平林。誕置之寒冰，鳥覆翼之。」姜嫄何以屢棄后稷？三家詩據神話傳說以為姜嫄不感而孕，擔心孩子不祥，故棄之，這本是頗為合理的結果。然《毛傳》卻云：「天生后稷，異之於人，欲以顯其靈也。帝不順天是不明也，故承天意而異之於天下。」毛公的說法可真是迂曲至極。鄭《箋》則云：「天異之，故姜嫄置后稷於牛羊之經，亦所以異之。」姜嫄以為不祥，故棄后稷，然天降神異，故姜嫄亦知此子異於常人，這樣的說法也是合理的。

述祖遵崇《毛傳》，但毛公之說實為無理，故述祖此處亦依鄭《箋》立說：

> 天異后稷而人不知，以為不及月而棄之。至大鳥為之覆藉，始知天異而往取之。〔註186〕

述祖以為如此解釋，義自顯然。不必謂承天意而棄置，以顯后稷之異。然《毛傳》確實是採這種說法，若不從之，又與述祖申毛立場不同。於是述祖又將這段文字歸為王肅私改妄加。

> 《傳》既言大鳥來，一翼覆之，一翼藉之，於是知有天異，往取之。上文乃言帝不順天是不明也，故承天意異之於天下。前後文義不相顧，又移以赫厥靈傳於字愛也下，皆王肅私改。〔註187〕

將所有責任推給王肅，以維護《毛傳》的地位，但這卻也是述祖不負責任的表現。

6. 論第九失「謂堯命使后稷事天以顯神順天命者」及第十失「謂肇祀為郊兆之祀及后稷於郊祀天者」

詩言「以歸肇祀」，肇祀者為何？《毛傳》訓肇為始，云：「始歸郊祀也。」《正義》述毛云：「上言封之於邰，是初為諸侯，故云始歸郊祀。下云上帝居歆，知此祀為郊也。」鄭《箋》則不從毛詁肇為始，其云：「以歸於郊祀天。得祀天者，則二王之後也。」《正義》申鄭云：「鄭以后稷二王之後，先得祭天，非為始祭，故云肇郊之神位，言神位之兆，肇宜作兆。《春官・小宗伯》

〔註186〕同上註，頁25。
〔註187〕同上註，頁24。

云：『兆五帝於四郊』是也。《商頌・箋》讀肇爲兆，此從略之。又云：得祀
天者，二王之後。申明肇不爲始之意也。」比較毛鄭說法的差異，毛公以后
稷始爲諸侯，故詁肇爲始，言始歸兆祀也。鄭則以后稷爲前代二王之後，故
可行兆五帝於四郊之郊天之禮，故肇不爲始，而爲兆之假借。

　　鄭玄以后稷爲前代二王之後是有疑慮的，述祖便駁之云：

> 高辛氏傳至帝摯，而後帝堯代之爲陶唐氏。二王之後乃摯之子孫，
> 不得爲后稷之父也。謂后稷之父是高辛氏之世爲諸侯者，則可。謂
> 高辛氏之世即二王之後，非事實也。〔註188〕

王肅亦知鄭說二王之後的破綻，於是改以堯命使事天，以顯神順天命耳。則
后稷之祀天便與魯國可行禘郊之禮的情形同，皆天子特命之者。然述祖既以
魯可行禘郊之禮爲妄說，亦不同意此乃堯所命者。其云：

> 王肅雖述毛難鄭，然習聞后稷肇祀，謂后稷祭天，則謂稷爲帝嚳之
> 子，於義難通，故附益《傳》文，以爲堯命使事天，以顯神順天命
> 耳。駁鄭二王之後得祀天之說，皆非《傳》意也。〔註189〕

述祖以爲鄭玄、王肅爭論的焦點其實是圍繞在后稷何以能夠「以歸肇祀」，則
前提是將「以歸肇祀」的主角設定爲后稷，只是爭論何以能行郊祀。述祖則
另闢途徑，謂肇祀其實並非后稷祭天，其說云：

> 歸讀若《書》歸禾之歸。《逸周書・商誓》曰：「在昔后稷，惟上帝
> 之歆，克播百穀，登禹之績。凡在天下之庶民，罔不維后稷之元穀
> 用胥飲食，在商先哲王，明祀上帝。亦維我后稷之元穀，用告和用
> 烝，享祀商先哲王，維厥故斯用顯我西土。」此武王既勝殷於殷郊，
> 告諸侯之辭。但言商先王用后稷之元穀，明祀上帝，則唐虞夏可推
> 而知，不謂后稷自以其元穀明祀上帝也。《傳》謂始祀爲郊祀者，〈夏
> 時經〉曰：「初歲祭。」初歲啓蟄也，啓蟄而郊祭，無有先之者，故
> 知始祀爲郊祀也。言天下九州之民無不咸獻其力，以其皇天上帝之
> 享，歸祭享祠，皆后稷之元穀是賴，播植之功於是極也。〔註190〕

據述祖之闡述，「以歸肇祀」者，乃後代子孫以后稷之元穀祭祀上帝，如此則
避開后稷何以能行郊祀的問題。然而述祖正如同鄭玄、王肅一樣，依舊執著

〔註188〕同上註，頁30。
〔註189〕同上註，頁29。
〔註190〕同上註，頁30。

於郊祀的問題之上，述祖不敢破《毛傳》郊祀之詁，遂爲此說。詩末句言「上帝居歆，胡臭亶時。后稷肇祀，庶無罪悔，以迄于今」，述祖亦以爲此乃文王受命推后稷配天之事。然《生民》詩對文王末置一辭，此句應是表明自后稷開始祭祀之後，迄今皆能無有罪過，則肇祀者仍應爲后稷。然而諸說受《毛傳》郊祀影響，遂生諸多委曲之說，未若朱傳直接解爲：「稷始受國爲祭主，故曰肇祀。」〔註191〕不必汲汲於郊祀問題，但言受國始祭，則文從字順，不必妄爲維護。

八、〈既醉〉篇說——申《毛詩》解詩之長

　　述祖說〈既醉〉詩共分三篇，第一篇全舉《毛傳》、鄭《箋》，並約舉《正義》述毛之文。第二篇就《毛傳》、鄭《箋》之意述之。第三篇則提出論《詩》仍當以《毛傳》爲長。〈既醉〉之《傳》與《箋》說，差別不大，可相表裡，而孔疏亦頗依《毛傳》論說，故述祖以爲《箋》說可輔《傳》義，如：

> 壺爲廣，又爲捆，兼此二義，壺訓始備。〈周語〉曰：「類也者，不忝前哲之謂也。壺也者，廣裕民人之謂也。萬年也者，令聞不忘之類也。柞胤也者，子孫蕃育之謂也。」又曰：「能類善物，以混厚民人者，必有章譽蕃育之祚。」《說文‧口部》云：「壺，宮中道。從口，象宮垣道上之形。詩曰：室家之壺。」以偏旁條例推之，壺當從行部，从行、彙省聲。壺爲宮中道，《說文》凡訓道者，如術、街、衢、衡之類，字多从行。壺在宮中與通達之道不同，故从彙。彙猶混也，彙猶捆也。則壺兼廣裕、混厚二義矣。此《箋》之可以輔《傳》者。〔註192〕

述祖據《說文》以爲壺可兼廣裕、混厚二義，實合《傳》、《箋》之說，故以兩者可互爲相輔。然《傳》、《箋》雖可相輔，但若矛盾甚大，則述祖依舊採取依《傳》駁《箋》的路子：

> 《箋》訓俶爲厚，與《傳》義違。又以君子有孝子，言成王之臣皆君子之人，有孝子之行。又謂類詼族類，皆失《傳》義。兼采〈周語〉、《戴記》正之，蓋以祭祀言，則非主祭者不得稱孝子，孝子既謂成王，則類當從《傳》訓善。〈祭義〉曰：「大孝不匱」，又曰：「博

〔註191〕《朱子全書‧詩集傳》，冊壹，頁677。
〔註192〕《珍藝宧文鈔》，卷四，頁37～38。

施備物，可謂不匱矣。」言善道之極也，自内外之官同，異姓之助

祭者無不盡其禮，終其事，此所謂人有士君子之行也，此所謂廟中

見竟内之象也，故曰太平也。〔註193〕

述祖對《毛傳》是相當推崇的，他認爲《毛傳》言辭雖簡潔，但有以一

辭涵括全篇，有以一辭而貫通前後者，讀者但需細心讀之。而鄭玄若依《傳》

立說，則可與《毛傳》爲表裡，但若違《傳》，則以爲多不得《詩》義。而王

肅雖曰申毛，其所失亦同，亦有不可爲據之處。然而《毛傳》有些訓詁實在

過於簡單，很難據之推論毛公之意，如《正義》行文順序多先述毛，再述鄭。

述祖則以爲《正義》所申述之毛義亦有非《毛傳》意旨者，如：「昭明有融，

高朗有終」，《毛傳》云：「始於饗燕，終於享祀。」此言何意？《正義》申述

云：「禮莫重於祭，饗燕是禮之始，祭祀是禮之終，言王能善於祭也。」述祖

則以爲孔說非毛意，他以爲此句之意旨是「謂醉酒飽德，以盡其禮，終其事

者，於享祀爲終，於饗燕爲始也。」他將本詩與〈鳧鷖〉結合，以爲〈既醉〉

爲正祭，〈鳧鷖〉爲繹祭，其云：

〈既醉〉言太平，本之於正祭，〈鳧鷖〉言守成，詳之於繹祭。《傳》

所謂始於饗燕，終於享祀者，蓋明矣。〔註194〕

可以看出，述祖雖批評鄭、王、孔之非毛意，但他亦沒有證據證明毛義爲何，

反而是以己意爲毛意，用己意批評三人之說。

九、〈鳧鷖〉篇說——繹祭宴飲公尸之詩

述祖論〈鳧鷖〉亦分二篇，第一篇所採取的方法與〈既醉〉同，舉全詩

《毛傳》及鄭《箋》之文，再約舉《正義》大意，最後加上按語，作爲評論。

第二篇則就前篇之按語更深入說明。試舉其第一篇按語以詳論之：

《箋》以鳧鷖所在興祭處，非《傳》義。而王肅述毛，以爲言君子

者，太平之時則皆然，非獨成王，以駁鄭，亦非《序》義。夫周至

成王繼文武之功業，而後致太平。太平之君子非謂成王而何？鳧鷖，

水中之鳥謹愿者，人可入其群而不可狎，故其好之也。則其至也，

百住而不止，欲取而玩之，則舞而不下也。詩人以喻民焉。涇水出

安定涇陽西幵頭山東南，至京兆陽陵行千六百里入渭。〈禹貢〉曰：

〔註193〕同上註，頁40～41。
〔註194〕同上註，頁51。

「涇屬渭汭」，謂涇小渭大，屬於渭而入於河也。故詩一章言涇，四
章言渚，言涇入渭，所歷邠岐豐鎬，識王跡之所起也。小水入大水，
流而不盈，盈則有壅之者也。水中散石爲沙，至微也，俄而渚焉，
俄而壘焉，其成也非一日之積也。盈也，孰持之；成也，孰守之，
非太平之君子孰能之。讀〈鳧鷖〉之詩，當求太平之君子所以守成
者，不必分舉祭處也。《序》言神祇祖考者，古人言祖考，必言神祇。
《禮·中庸記》言宗廟之禮而終之以郊社之禮，禘嘗之義，安得謂
序昭穆之等皆兼事上帝言之乎。故說詩不可泥也。〔註195〕

述祖是以〈鳧鷖〉乃舉行繹祭，宴飲公尸之詩，繹祭分兩日進行，首日祭，
次日晏，第二日舉行宴飲公尸之禮，即所謂祭之明日，繹而宴尸。試就按語
所涉及之內容及述祖其他說明作如下分析：

1. 駁王肅以君子非獨成王之說

《詩序》言：「太平之君子，能持盈守成。」太平之君子所指爲誰？鄭《箋》
云：「君子斥成王也。言君子者，太平之時則皆然，非獨成王也。」鄭玄既以
君子指成王，卻又云太平之時人皆可稱君子，非獨成王。其說矛盾，因此，
述祖以爲「言君子者，太平之時則皆然，非獨成王也」乃王肅述毛語，今本
誤入鄭《箋》。述祖並未多舉證據說明，蓋僅以鄭說前後不符而作此判斷。

君子之用法，孔子以前多用於形容君王貴族，至孔子始賦予哲學意涵，
這是學術界所公認的。而《詩序》既言持盈守成，當指君王而言，故述祖以
爲君子但指成王，而批評非獨成王之說。其說可從。

2. 駁鄭玄以鳧鷖所處之位置暗喻祭祀之處

〈鳧鷖〉詩言：「鳧鷖在涇」、「鳧鷖在沙」、「鳧鷖在渚」、「鳧鷖在潀」、「鳧
鷖在亹」，《毛傳》但以處所詁涇、沙、渚、潀、亹之位置，並未以其有深意。
鄭《箋》則以鳧鷖所在位置興祭祀之處所。涇：「水鳥而中水中，猶人爲公尸
之在宗廟也。」沙：「水鳥以居水中爲常，今出在水旁，喻祭四方百物之尸也。」
渚：「水中有渚猶平地有丘也，喻祭天地之尸也。」潀：「潀，水外之高者也，
有塸埋之象，喻祭社稷山川之尸。」亹：「亹之言門也。燕七祀之尸於門戶之
外。」鄭玄之說引發究竟本詩是但燕宗廟之公尸，抑或各章分言燕宗廟及天
地神祇之公尸的討論。《正義》依《毛傳》，以爲全指燕宗廟之公尸，歐陽修

《詩本義》亦云：「鳧鷖在涇、在沙，謂公尸和樂如水鳥在水中及水旁其所爾，在沙、在渚、在潨、在亹皆水旁爾。鄭氏曲爲分別以譬在宗廟等處者，皆臆說也。於詩大義未爲甚害，然學者戒於穿鑿而汨亂經義也。」《欽定詩經傳說彙纂》亦依歐陽修以鄭說爲誤，當從毛說，不從鄭說。

至於三家詩的說法，王先謙以爲無異說，然而又云：「《易林‧噬嗑之中孚》：『璠英朱草，仁政得道。鳧鷖在渚，福祿來下。』又〈同人之剝〉：『文山紫芝，雍梁朱草。長生和氣，王以爲寶。公尸侑食，福祿來處。』又〈蠱之渙〉：『紫芝朱草，生長和氣。公尸侑食，福祿來下。』陳喬樅云：此詩公尸，《箋》以首章爲祭宗廟，次章祭四方萬物，三章祭天地，四章祭山川社稷，末章祭七祀。宋儒譏其臆說。然據《毛序》以神祇與祖考並舉，斷非專指宗廟而言。《正義》中毛以五章皆屬宗廟，非也。鄭於《詩》兼通三家，以五章分配天地社稷及四方群祀，必非無據。馬瑞辰以爲古者祭天地社稷雖皆有尸，然不聞有賓尸之禮，繹而賓尸惟於宗廟見之，決此詩爲宗廟繹祭。余謂馬說未審，《周頌‧絲衣》序云：『繹賓尸也。高子曰：靈星之尸也。』正以《序》言賓尸不明爲何祭之尸，故特著此語。《續漢志》云：『祠后稷而謂之靈星者，以后稷又配食星也。』《古今注》：『元和三年初，爲郡國立稷及祠社靈星禮器。』是古者靈星之祀與社稷爲類。祭宮星有繹賓尸之禮，則祭天地社稷及方祀群祀之皆有賓尸亦足以證明。《易林》有璠英朱草、仁政得道之文，蓋以王者德至天地，天下太平，符瑞並臻，則三章之爲祭天地，此亦其確證也。」〔註196〕王先謙以爲祭天地社稷有賓尸之禮，其說頗爲有據。而就詩歌容來看，若但於宗廟燕尸，又何必以鳧鷖各在不同之處所。述祖蓋亦以詩歌言鳧鷖位置之不同當有其意涵，然又不依鄭《箋》駁《毛傳》，於是另起爐灶，以鳧鷖所在位置喻王跡之所起：

> 沙積而爲渚，渚積而爲亹，聚少成多，積小致鉅，所謂善積而名顯，
> 德章而身尊也。其危亡傾覆亦如之，故謹小愼微，太平之君子所以
> 守成也。〔註197〕

周代王跡之起，由小積大，由少成多，述祖遂以鳧鷖位置之不同，代表王業的積累。欲以取代鄭玄祭祀地點之說。然而述祖所言無據，觀詩辭內容，亦無關王業之事，其說恐非。

〔註196〕《詩三家義集疏》，下冊，頁893。
〔註197〕《珍藝宧文鈔》，卷四，頁49。

十、〈玄鳥篇說〉──論玄鳥遺卵之神話

1. 牽合毛鄭「祫」、「祀」之說

　　《詩序》云：「〈玄鳥〉，祀高宗也。」但言祀，未能確指為何性質。鄭《箋》則云：「祀當為祫。祫，合也。高宗，殷王武丁，中宗玄孫之孫也。有雊雉之異，又懼而修德，殷道復興，故亦表顯之，號為高宗云。崩而始合祭於契之廟，歌是詩也。古者君喪，三年既畢，禘於群廟，而後祫祭於太祖。明年春禘于群廟。自此以後，五年而再殷祭，一禘一祫，《春秋》謂之大事。」《正義》述毛云：「毛無破字之理，未必以此為祫，或與〈殷武〉同為時祀，但所述之事自有廣狹耳。」《正義》申鄭則云：「若是三年常祫，則毀廟之主陳於太祖，未毀廟之主皆升，合食於太祖，使徧及先祖，不獨主於高宗。今《序》言祫高宗，明是為高宗而作祫，故知是崩後初祫於契之廟也。」孔穎達將毛、鄭的分別闡述得相當清楚。然而鄭玄究竟是以改字來發揮己說，王先謙便駁之云：「然人君免喪，祫於太祖之廟，是以太祖為主，不當云祫高宗。況三家以《商頌》為宋詩，則此篇即為宋公祀中宗之樂歌，明係烝嘗時祭之所用。乃曰『崩而始合祭於契之廟』，其說固不可用矣。」〔註198〕王先謙以為既祫為太祖廟，則祭主當以太祖為是，則此詩當為時祭之烝嘗。但他以此篇為祀中宗之樂歌，則無證據，不可從。

　　述祖對這個問題保持比較彈性的看法，他說：

　　　今即《商頌》考之，〈那〉、〈烈祖〉、〈元鳥〉一祖二宗之詩具在，
　　　皆本之始祖，《序》皆言祀，以為祫祭，亦無不可，不必強生異同。

　　　〔註199〕

述祖以為《正義》所述毛鄭之差異，皆為強生異同，不必如此區別，時祭為祀，祫亦為祀，《序》所言之祀即祫祭，以為鄭玄不必破字也。然而祫祭皆以太祖為主，《序》何以主高宗為言，述祖則以為這是於祫祭序昭穆之時歌此詩也。

　　　武丁又修盤庚之政，殷衰而復興，禮廢而復起，故立其廟曰高宗。
　　　於祫祭序昭穆而歌是詩，周太師錄之，以為後世法也。〔註200〕

高宗因為有復興之功，於是在祫祭序昭穆之時，歌此詩以詠高宗。述祖之所

〔註198〕《詩三家義集疏》，下冊，頁1103。
〔註199〕《珍藝宦文鈔》，卷四，頁52。
〔註200〕同上註，頁59。

以將毛鄭合一，蓋以〈玄鳥〉無由爲時祭之詩，然《詩序》言祀高宗，但言祀則有誤以爲烝嘗時祭之可能，他亦贊同鄭玄以爲祫祭之說，於是在不破毛的情況下，將鄭說改爲毛說，以鄭玄祫祭爲《詩序》「祀」之補充，而非破字，總之，述祖依舊是在刻意維護《毛詩》。

2. 論玄鳥之神話

　　〈玄鳥〉和〈生民〉詩同，皆是關於商周開國始祖誕生的神話傳說。論〈生民〉詩，述祖已表明述毛不信神異的態度，對於〈玄鳥〉亦同。〈玄鳥〉的神話傳說主要表明在首章言：「天命玄鳥，降而生商。」《史記・殷本紀》云：「殷契母曰簡狄，有娀婚之女，爲帝嚳次妃。三人行浴，見玄鳥墮其卵，簡秋取呑之，因孕生契。」三家詩及鄭玄皆依此神話傳說解釋〈玄鳥〉詩。述祖則云：

> 史傳言簡狄、姜嫄之事，皆與《毛詩》不同。姜嫄事尤多歧互，說已見〈生民〉詩。劉向《列女傳》但言棄母姜嫄，邰侯之女；契母簡狄，有娀氏之長女，皆當堯之時，不以爲配高辛氏帝。而《史記》則有帝嚳元妃、次妃之文，燕卵之事，亦戰國時好事者爲之。然與履大人跡，誤解履帝武敏有別。〔註201〕

述祖不信神異，〈生民〉履大人跡之神話，是由於誤解「履帝武敏」之敏字而產生之誤解。然〈玄鳥〉則不同，他以燕卵之事乃爲戰國時人所增添。述祖何以認爲有這樣的差別，主要依據《楚辭》及《呂氏春秋》的記載。〈離騷〉云：「望瑤臺之偃蹇兮，見有娀之逸女。」又云：「鳳凰既受詒兮，恐高辛之先我。」此言有娀氏爲高辛帝妃。《呂氏春秋・音初篇》云：「有娀氏有二佚女，爲之九成之臺，飲食必以鼓。帝令燕往視之，鳴若謚隘。二女愛而爭搏之，覆以玉筐，少選，發而視之，燕遺二卵，北飛，遂不反，二女作歌一終，曰：『燕燕往飛』，實始作爲北音。」《呂氏春秋》但言玄鳥遺卵，未有呑食感孕之事。然〈天問〉云：「簡狄在臺，嚳何宜。元鳥致貽，女何嘉。」〈思美人〉云：「高辛之靈盛兮，遭玄鳥而致貽。」致貽即遺卵，並非呑卵，述祖則以爲可能是帝嚳以玄鳥之祥而聘簡狄，其云：

> 推其事，當是高辛帝遭元鳥而聘簡狄，於是或有元鳥爲媒之說，是以謂之媒官嘉祥，無所謂呑卵生契之事也。蓋有娀氏女簡狄爲帝嚳

〔註201〕同上註，頁56。

妃，其後世爲契，至湯而有天下，與姜嫄不必同時。〔註202〕

述祖相信簡狄爲帝嚳妃，但不信姜嫄亦爲帝嚳妃，主要憑據是先秦資料《楚辭》及《呂氏春秋》之相關記載，可以徵信。然而他以簡狄吞燕卵之事爲戰國時人好事者所增添，但《楚辭》及《呂氏春秋》皆戰國時資料，且接近戰國末期，若依述祖的邏輯想法，這兩處資料未必不是另有好事者造此故事，而屈原與呂不韋採取之邪？總之，對神話傳說的態度，我們仍應用思想意義的角度探討，不必一概斥爲荒誕迷信。

〔註202〕同上註，頁 57。

第伍章　莊述祖《詩經》學之分析、影響與評價

第一節　《毛詩》文字考證義例分析

　　《詩經》異文形成的原因，最初是由於三家詩與《毛詩》之間的差異。古時文字不如今時之豐富，假借字甚多，因此各家在流傳抄寫的過程所用之字不同，則對詩意便產生不同的解釋。《毛詩》稱古文，多用假借字，而漢時三家則多以本字改之，於是形成三家多正字，《毛詩》多假借的現象。然而三家所改用的本字，亦有大部分爲漢時後起之字，先秦時期未必有這些文字，且改正之際或有可能誤解詩意而以其他本字改之，因此有必要再加以討論。況且三家詩說多數亡佚，今日所見典籍所引又不甚可靠，同一家詩常有不同版本，甚至不同典籍引同一首詩亦有異文情形，或爲後世刊印者所改，往往失其原貌，即如《說文》所引，亦頗有爭議。且《說文》多未註明所引之詩出自何家，更增加判別之困擾。詩性的語言，往往由於一字之差，便會有截然不同的解說，亦即所謂「詩無達詁」之主因。於是判定《詩經》文字，是一項艱鉅的工作。

　　針對《詩經》異文校勘最完善的著作便是阮元的《十三經注疏校勘記》，阮元搜集當時可見到的版本，臚列異文，並作判別，藉由《校勘記》所載之異文，可以大致看出唐代以後《詩經》文字流傳的過程。另外，段玉裁的《詩經小學》亦對《詩經》文字作出一些釐清，也是相當重要的著作。莊述祖《毛詩考證》即建立在這兩本書的基礎上。雖然述祖的考證篇幅不大，但亦有其價值存在，試分析如下：

一、考證資料的來源

　　《毛詩考證》對於異文版本的取材，不採《校勘記》臚列眾說的方法，而是直接選取具有代表性的版本或說法為據，有些引時人考證為說，有些則自加按語，然而亦有相當多部分只是羅列異文，供學者自行參考。以下就述祖《毛詩考證》資料來源之選取作一統計分析：

1. 《詩經》的異本

　　校勘的目的主要在於糾正書面材料中的錯誤，因此，掌握各版本之間的異同，依之以作判斷，使古籍得以接近或恢復本來面貌是相當重要的根據。而《毛詩考證》所參考之《詩經》異本包括有《經典釋文》本、《正義》本、《唐石經》、宋小字本、相臺岳氏本、閩本、明監本、汲古閣毛氏本等，其中孔穎達《毛詩正義》中載有顏師古定本及崔靈恩集注本之異文，述祖亦據之為證，而《經典釋文》雖屬注本，但亦是相當重要的校勘底本，故一併列入異本之來源。在經過初步統計後，茲將《毛詩考證》兩百四十七條經文考證之中引用各版本之數據舉列如下：

版本	數量	備註
《經典釋文》	一百三十九條	《經典釋文》有注疏本、通志堂本，其中亦微有不同。
孔穎達《毛詩正義》	八十九條	定本及集注本皆屬《正義》所引資料，則《正義》共一百二十四條。
顏師古定本	二十六條	
崔靈恩集注本	九條	
唐石經	七十二條	
宋小字本	二十九條	南宋光宗時所刻〔註1〕
重刻相臺岳氏本	九條	
閩本	九條	明御史李陽冰僉事江以達刊。〔註2〕
明監本	十二條	用閩本重雕，即山井鼎所云萬曆本也。〔註3〕
汲古閣毛氏本	十二條	用明監本重雕，即山井鼎所云崇禎本也。〔註4〕

〔註1〕據阮元〈毛詩注疏校勘記序〉引據各本目錄所載。

〔註2〕同前註。

〔註3〕同前註。

〔註4〕同前註。

依上表來看，述祖所引用之來源，時代愈晚者，數量愈少。《經典釋文》成書最早，故引用高達一百三十九條，超過《毛詩考證》全書之半，而《毛詩正義》亦有一百二十四條，《唐石經》則佔全書三分之一弱，以上皆是唐代版本。然而宋代以後，引用數量驟減，且其中更有許多條是被述祖當作錯誤資料而引用，作爲參照之用。

2. 引用他書之資料

《詩經》自先秦成書以來，版本流傳眾多，然而唐代以前，刻版印刷不發達，手抄本之存保不易，因此《詩經》版本最早皆溯至唐代爲止，幾乎無法見到漢晉之前的本子，因此，爲豐富校勘資料的來源，在使用各種異本之外，還可利用其他古書中的引文。述祖《毛詩考證》在這方面資料的引用，可分爲小學類之工具書、經史中之引文、唐以前之典籍等，茲分述如下：

（1）小學類之工具書

述祖是金石文字學的專家，尤其精於《說文》之學，於是他亦廣引《說文》中引《詩》的異文作爲校勘依據。據初步統計，述祖引《說文》共計五十條。除許愼《說文解字》外，《爾雅》、《玉篇》、《廣韻》《方言》等文字、聲韻、訓詁專書，亦是述祖勘之重要參考書。《毛詩考證》計引《爾雅》九條、《玉篇》五條、《廣韻》八條。

（2）經史典籍中之引文或相關文句

以經證經，以史證經，是清代考據學者喜歡使用的方法。五經時代相近，文字使用有相同的背景，因此在校勘時亦可引爲佐證。而漢晉間之史書，距《詩經》成書時代較近，撰者所見資料甚多，所說有據，故史書中所引有關《詩經》的資料，亦可引爲校勘依據。《毛詩考證》中引其他經文以爲考證依據者，計有《尚書》三條、《左傳》四條、《周禮》兩條、《儀禮》兩條、《禮記》四條、《大戴禮記》一條。史書部分則有《逸周書》兩條、《史記》一條、《漢書》三條、《後漢書》四條、《宋書》兩條。

（3）唐以前之典籍

由於述祖可見之《詩經》流傳異本，始自唐代，據《詩經》時代已有千餘年，爲彌補這千餘年之空缺，述祖亦頗重視唐代以前典籍所引用之《詩經》相關文字。這類書籍傳刻次數較少，其中不乏校勘的好材料。然而《詩經》自漢代流傳有四家以上，引用這類書籍引文時，需注意不同家派《詩經》的

判別。《毛詩考證》對這類書籍之引用包括有：《國語》三條、《荀子》一條、《呂氏春秋》一條、《說苑》二條、《白虎通義》一條、《鹽鐵論》兩條、《爾雅》注兩條、《文選》及李善注七條、《顏氏家訓》五條，其他還包括有何休《公羊注》、虞翻《易注》、韋昭《國語注》、王逸《楚辭》注等相關注書。

3. 金石文字相關資料

除異本材料、其他書籍之外，述祖亦使用鐘鼎古文作為考證校勘的依據。雖然述祖所處時代尚未能見到甲骨文資料，但金石考據之學已蓬勃發展，乾嘉時代有許多學者本身皆是金石學大家，而述祖對古文字學亦有深厚鑽研，撰有《說文古籀疏證》。於是，利用金石古文作為校勘證據，亦是述祖喜歡使用的方法。考《毛詩考證》全書共有八處引用鐘鼎古文作為校勘依據。然而這些資料往往是比較間接的，在使用時必需相當謹慎，方能避免主觀武斷的弊病。述祖籍由金石文字考證時，多少帶有穿鑿的缺點，此容後再論。

4. 採用其他專家學者的校勘成就

校勘考證工作，除以上三種方法之外，有時限於個人學術眼界，更需採用專家學者的意見以為輔佐，清孫增慶曾云：

> 若古人有弗可考究無從改正者，今人亦當多方請教博學君子，善於講究古帖之士，又須尋覓舊碑版文字，訪求藏書家祕本，自能改正者。然而校書非數名士相好聚於名園讀書處，講究討論，尋繹舊文，方可有成，否則終有不到之處。所以書籍不論鈔刻好歹，凡有校過之書，皆為至寶。至於字畫之誤，必要請教明於字學聲韻者，辨別字畫音釋，方能無誤。〔註5〕

述祖雖是金石文字專家，學養深厚，但他不畫地自限，頗有採用當時學者考證之成果。述祖便曾自云於傳授《毛傳》時，頗採用阮元及段玉裁的校勘成果：

> 余以《毛詩故訓傳》授子，僅就注疏中所載傳文錄之，未遑校正，當有疑義。嗣見余友段若膺所校《毛傳》，謂引經附傳時多所芟并，《傳》既單行，當為補正。喜其先得意所欲言。及閱阮伯元《毛詩注疏校勘記》，載宋槧本，與所審定剖析毫芒，商榷精當，益愜然於

〔註5〕《藏書記要》第四則《校讎》。轉引自程千帆撰：《校讎廣義·校勘編》（濟南：齊魯書社，2005年），頁453。

是書之有完本矣。〔註6〕

而在《毛詩考證》書中，除這兩人外，述祖亦採納許多同時代學者的校勘意見，如何焯、臧琳、惠棟、盧文弨、錢大昕、王念孫、武億等人的校勘成就，可見述祖有不蔽己見、博採通人的良好學風。

述祖《毛詩考證》引阮元《校勘記》之說者達六十七條、引段玉裁校勘成果則有四十三條，其他如引惠棟之說有五條、錢大昕兩條、何焯、臧琳、盧文弨、王念孫、武億各一條。

二、考證方法的運用

葉德輝（1864～1927）曾歸納校勘方法為死校、活校，其法云：

今試言其法：曰死校、曰活校。死校者，據此此本以彼本，一行幾字，鈎乙如其書，一點一畫，照錄而不改。雖有誤字，必存原本，顧千里廣圻、黃蕘圃丕烈所刻之書是也。活校者，以群書所引改其誤字，補其闕文，又或錯舉他刻，擇善而從，別為叢書，板歸一式，盧抱經文弨、孫淵如星衍所刻之書是也。斯二者，非國朝校勘家之祕得，實兩漢經師解經之家法。鄭康成注《周禮》，取故書塵子春諸本，錄其字而不改其文，此死校也。劉向校錄中書，多所肯定；許慎撰《五經異義》，自為折衷，此活校也。其後隋陸德明撰《經典釋文》，臚列異本；岳珂刻《九經》、《三傳》，抉擇眾長；一死校、一活校也。明乎此，不僅獲校書之奇功，抑亦得書之捷徑也已。〔註7〕

死校之法今一般稱為對校，對校主要是以古本作為校勘依據，依原書而別撰考異以論其是非，亦即阮元《校勘記》之方式。而活校則稱為理校，此法多用於無古本可據，或數本互異，而無所適從之時。如段玉裁〈答顧千里書〉主張「當改則改之，不必其有左證」〔註8〕，陳垣（1880～1971）談理校法時則云：「最高妙者此法，最危險者亦此法。」〔註9〕

述祖《毛詩考證》並未有嚴格校勘考證學方法呈現，大抵兩種方法皆有所運用，茲依此二法分析述祖考證之例。

〔註6〕《珍藝宦文鈔·卷五》，頁11。
〔註7〕《藏書十約·校勘》，轉引自程千帆撰：《校讎廣義·校勘編》，頁381。
〔註8〕《段玉裁遺書·經韻樓集》，下冊，頁1094。
〔註9〕陳垣撰：《校勘學釋例》（北京中華書局，2004年），頁133。

1. 對校——臚列異本，僅校異同，不校是非

《毛詩考證》共有四十二條屬於此法。試舉例如下：

A.〈關雎〉鐘鼓樂之——《石經》鐘作鍾。

B.〈漢廣〉漢有游女——《正義》：「《定本》游作遊。」

C.〈遵大路〉不寁故也——《釋文》：「故也，一本作故兮。後好也亦爾。」

以上為但舉某異本異文作為參考之例。

A.〈小弁〉鞠為茂草——《石經》、宋本鞠作鞫。

B.〈卷阿〉鳳凰于飛——《石經》作鳳皇，宋本同。

C.〈泮水〉矯矯虎臣——《釋文》「蟜蟜，本又作矯。」《正義》作矯。

以上為舉二異本文字相同作為參考之例。

A.〈噫嘻〉駿發爾私——《釋文》「浚發，本亦作駿。毛云：『大也。』鄭云：『疾也。』」《正義》作駿。

B.〈抑〉洒埽庭內——《釋文》作廷內，《正義》作庭。

C.〈蕩〉式號式呼——《釋文》：「式號式呼，崔本作嘑。或，一本作或號或呼。」《正義》本作式。

以上為舉二異本文字不同作為參考之例。

A.〈蒹葭〉蒹葭淒淒——《釋文》本作萋萋，云：「本亦作淒。」《監本、閩本、毛本同《釋文》本。《石經》、宋本皆作淒。

B.〈大東〉有洌九泉——《石經》、宋本皆作洌。明監本、毛本作冽。

C.〈公劉〉而無永嘆——《石經》、宋本皆作嘆。《釋文》：「歎字或作嘆。」《正義》本亦作歎。

以上為舉眾異本文字差異以為參考之例。

2. 理校——考證文字之是非判斷

（1）僅作是非判斷，未說明理由

《毛詩考證》中共有十二條屬於此例。試舉如下：

A.〈卷耳〉云何吁矣——《爾雅注》引詩作旴，《石經》作吁，郭所引或三家詩也

B.〈十月之交〉朔日辛卯——毛本日誤月，監本以上皆不誤。

C.〈雨無正〉維曰于仕——《石經》、宋本皆作于仕。明監本、閩本、毛本作予仕，誤。

D.〈何人斯〉維暴之云——《石經》、宋本作維暴，諸本作誰暴，誤。

E.〈四月〉匪鶉匪鳶——《釋文》:「鶉字或作鷻。」鷻字是也。

以上所舉皆屬此例。述祖但言「誤」、「是也」，皆未說明理由。

（2）引其他學者校勘成果直接判定，未說明其理由。

《毛詩考證》中共有二十三條屬於此例。試舉如下:

A.〈卷耳〉我馬虺隤——何焯云:「虺作虺，與仲虺之虺不同。」

B.〈野有死麕〉白茅包之——《釋文》「本包作苞。」段玉裁校:「今本作包，譌。」

C.〈無將大車〉維塵雍兮——《石經》、小字宋本、監本、閩本、毛本皆作雍。岳本作雝。《釋文》:「雍，於勇反，亦亦作壅，又於用反。」阮校雍字是也。

D.〈雲漢〉耗斁下土——《石經》耗作秏。阮校秏字是。

以上所舉皆屬此例。述祖直接引用其他學者之校勘成果，但未說明他們所持之理由意見。

（3）引用其他學者校勘成果，並引述其理由。

《毛詩考證》中共有四十二條屬於此例。試舉如下:

A.〈楚茨〉既匡既敕——《釋文》:「既筐，本亦作匡。」《正義》本作匡。《釋文》從〈箋〉作筐。段校:「《說文》筐即匡之或字。毛訓正，鄭訓器，無異字也。」

B.〈民勞〉憯不畏明——《釋文》:「憯，七感反，本亦作懵。」《正義》本亦作懵。段云:「《說文》『憯，曾也。』引《詩》曰『憯不畏明』。〈節南山〉、〈十月之交〉、〈雲漢〉及此憯字皆同聲假借也。」阮元:「以憯作懵，猶以訊作許之誤。」

C.〈桑柔〉如彼遡風——《石經》初刻作愬，後改遡。阮云:「初刻非也。李善注〈月賦〉引作愬，當是三家異字，《石經》誤用之耳。」

以上諸例皆述祖引用他人校勘成果，並稍加說明其所持理由者。

（4）述祖本身之校勘意見

《毛詩考證》除廣泛引用時人校勘成果以為補充之外，述祖亦提出相當多自己的意見，此類釋例述祖往往加「按」字表示此乃己意，計共六十三條，舉例如下:

加「按」表示者:

A. 〈破斧〉四國是皇——按：鐘鼎古文匡从貝、皇省聲，匡，正也。經典借皇作匡。《釋言》曰：「皇、匡，正也。」此《傳》曰：「皇，匡也。」皆古文假借例。皇本無匡訓，以古文匡从皇得聲，故以皇爲匡。王應麟《詩攷·齊詩》：「四國是匡：董氏曰：《齊詩》作四國是匡，賈公彥引以爲据。」此皇、匡通借之證也。

B. 〈玄鳥〉景員維河——按：《傳》員，隕皆訓均，蓋破字讀均。詩又作昀字，亦作旬。《說文》作蟲，均平，均又壅辟也，言平均壅辟，以定王之疆畔，維河爲限。《釋文》：「維河，鄭云：『河之言何也。』王以爲河水，本或作何。」《正義》云：「殷王之政大均矣，維如何之潤物然，言其無不霑及也。」即王述毛說。阮云：「或作本乃依《箋》改經。《釋文》、《正義》本經皆作河。

以上爲一發首即加按語表示，未多引他人意見說明之例。

A. 〈生民〉于豆于登——《石經》作于豆于登，小字宋本同。岳本作登，閩本、明監本、毛本同。毛居正云：「登升之字，从登。豆登之字，从肉从又。」阮云：「攷登字，此經及《爾雅》作登。《儀禮》作鐙。《說文》有豋字。……豋字或作登、甑，見《集韻》，《毛詩》固未嘗用此字。」按：《玉篇·豆部》「舜，都騰切。」《廣韻·十七登》有甑無舜，宋以後字書始有登字。古籀、篆、隸所無，不可用以改經，阮說是也。

B. 〈殷武〉松桷有梴——《釋文》：「有梴，丑連反。又力鱣反，長兒。柔梴物同耳，字音鱣，俗作關。」盧云：「音鱣，宋本作亶，關字當作埏。《白帖·卷一百》引《詩》『松桷有埏』，則唐時本有俗從土者。」段云：「《釋文》『柔、挺物同耳』，《老子音義》曰：『挺，《字林》云：長也，丑連反。又一曰柔挺。』合此二音義觀之，則《毛詩》本作挺。而《說文·木部》梴字，恐後人羼入。」顧廣圻云：「《正義》云：『有梴然而長。』《五經文字·木部》云：『梴，長兒。』見《詩·頌》。其本字皆从木，《唐石經》之所本也。《釋文》舊多誤，當正。」按：《說文·手段》「挺，長也，从手、延，延亦聲。」不應木部又有梴長字，段說是也。《說文·土部》無埏字。

以上諸例爲廣泛引用他人或他書意見後，再加上按語以申述他人之意見。

A. 〈生民〉以歸肇祀——《石經》作肇，通志堂《釋文》亦作肇。段云：「玉篇·攴部」云：『肇，俗肇字。』《五經文字·戈部》云：『肇，作

肇譌。』《廣韻》有肇無肈。《說文·支部》有肈字,唐以後人妄增。凡古書肇字皆當改作肈。按:鐘鼎古文肇或作肈,故小篆从支,字當闕疑,未可遽斥為俗字也。

B.〈巷伯〉哆兮侈兮——段玉裁《說文訂》云:「毛氏初印本金部銤下一曰:『侈兮哆兮。』剜改『哆兮侈兮』,以傅合《毛詩》,不可從。」按:《傳》、《箋》皆先哆後侈。《說文》小徐本銤下云:「讀若摘。一曰若《詩》曰侈兮之侈,同。」自是雍熙本之誤。《唐韻》:銤,尺氏切。讀侈,非讀哆也。

以上則為述祖雖舉其他學者意見,並加按語說明,但按語內容乃駁所引學者之說者。

未加「按」表示者:

A.〈杕杜〉會言近止——近當為迡。《說文》:「古之遒人以木鐸記詩言。从辵从丌,丌亦聲。讀與記同。」或古文無迡,借近為之。或近與迡形近而誤。然以《箋》文攷之,經本作迡,故《箋》云:「俱占之,合言於繇為迡。」此解會言迡止句。又云:「征夫如今近耳。」此解征夫邇止句。後皆譌為近。而《正義》又皆以近釋之,失其旨矣。〈崧高〉借近作己,與此小異。

B.〈車攻〉決拾既佽——《說文·人部》:「佽,便利也。从人,次聲。《詩》曰:決拾既佽。一曰:遞也。」卂部闕。鍾鼎佽從廾,从古文次聲,或从古文㣊,訓助,字當从廾。佽無助義。此《傳》云:「佽,利也。」與《說文》同。蓋佽助之佽,古文既佽,漢時經師以佽讀之,《箋》訓佽為次,是鄭時字書并無佽字矣。

C.〈載芟〉有椒其馨——《釋文》:「椒,子消反。徐子料反。沈作俶,尺俶反。沈重無故改字。」《釋文》說是也。然椒猶馺,當讀徐邈讀子料反,與〈東門之枌〉同,亦謂芬香之物,非茱萸也。

以上為雖未加按語,但行文敘述全為自己的看法,故亦歸入述祖發表己意之校勘例。

三、考證成果釋例

1. 判別三家詩及《毛詩》分別

《毛詩》與三家詩版本自有其不同之處,不需強為之分別,述祖亦深明

此理。而三家至遲亡於宋代，因此晉漢典籍所引有關《詩經》記載，可依其師法、家法之源流判斷屬何家之詩。

A. 〈卷耳〉云何吁矣——《爾雅注》引《詩》作盰，《石經》作吁，郭所引或三家詩也。

B. 〈鴟鴞〉予所蓄租——《釋文》:「租，子胡反，本又作祖，如字，為也。」《正義》祖訓始也。「物之初始必有為之，故云:祖，為也。」段云:「《正義》同又作本。今《釋文》、《正義》皆誤租，當改正。」段校是也。《釋文》又云:「《韓詩》云:積也。」〈魯語〉「祖識地德」注引虞翻云:「祖，習也。」虞《易》注:「習有積訓。」是《韓》與《毛》皆作祖，不知何時改租，子胡反也。

C. 〈時邁〉懷柔百神——《釋文》「懷柔如字，本亦作濡，兩通，俱訓安也。」《正義》云:「〈釋詁〉云:『柔，安也。』某氏引《詩》云:『懷柔百神』，《定本》作柔，《集注》作濡。柔是也。」是《釋文》、《正義》兩本皆作柔。《宋書·樂志》宋明堂歌云:「懷濡百神」，或三家詩作濡也。

知其源流者，則判斷屬何家，不知源流者，則僅歸為三家詩即可。

2. 區別毛、鄭文字

鄭《箋》雖主要根據《毛詩》為底本，但其中亦有採納三家說之處，甚至於改正《毛詩》文字。述祖則強調以《毛傳》為主，對鄭玄改字者多薄其非。

（1）以符合《毛傳》者為是

A. 〈雞鳴〉無庶予子憎——《正義》云:「今定本作與子憎。據鄭云我，我是予之訓，則作與者非也。」按:定本與《傳》合。《傳》曰:「無見惡於夫人。」夫人訓庶，見惡訓憎。此與子與上與子相應，定本是也。

B. 〈有瞽〉應田縣鼓——《釋文》「田，毛如字，大鼓也。鄭作朄，音允，小鼓也。」按:古文敶作敕，从古文田，从攴。師既成列，鼓而相擊也。是田乃敶鼓。《周禮·鼓人》以鼛鼓鼓軍事。大司馬、諸侯執賁鼓，借賁作鼛，猶借田作敕也。至小篆并朄於敕，遂不知有田鼓之名矣，毛義為長。朄从柬从申，申，引也。朄所以引樂，申亦聲。敕為大鼓，

　　鞞爲小鼓。東爲形，申爲聲。小篆从柬，非形非聲，傳寫之譌也。詳
　　《說文古籀疏證》。

（2）以鄭玄改《毛詩》文字

　　A.〈谷風〉湜湜其沚——段校從《說文》所引作止，以沚爲鄭改字。

　　B.〈思文〉無此疆爾界——《釋文》「介音界，大也。後放此。」《石經》
　　初刻界，後磨改作介，是經文本作介。《箋》云：「無此封竟於女今之
　　經界，乃大有天下也。」是鄭以介爲界，蓋本《韓詩》。李善注〈魏都
　　賦〉引薛君云：「介，界也。」當從《釋文》爲正。

從〈思文〉例可看出，述祖以鄭玄改字，多本三家詩，並非無的放矢。雖然
鄭玄改字有據，但述祖仍主張應依《毛傳》爲是。

（3）鄭玄未改字，後人誤解《箋》意而改

　　A.〈行葦〉嘉殽脾臄——《正義》、《定本》、《集注》經皆作嘉。《箋》以
　　脾臄爲加，故謂之嘉，是爲嘉美之加也。鄭以加訓嘉，經字仍作嘉。
　　俗本或有依《箋》文改加者，故《正義》辨其誤也。

　　B.〈烝民〉我義圖之——《釋文》「我養，毛如字，宜也。鄭作儀，匹也。」
　　《正義》云：「我以人之此言，實得其宜，乃圖謀之，觀誰能行德。」
　　又云：「儀，匹，〈釋詁〉文。」然則鄭讀爲儀，故以爲匹。阮元：「放
　　此知《釋文》、《正義》二本皆作義。鄭以義爲儀之假借，未嘗改字。《唐
　　石經》作儀，誤。」

鄭《箋》有改字之例，亦有申《傳》之說，然而有時申述《毛傳》不夠明白，
以致於後人誤會鄭《箋》改字，遂逕改《毛詩》文字以符合鄭說，其實乃誤
解鄭玄也。

3. 假借字之判別

　　假借字形成的原因相當多種，有許慎所云「本無其字，依聲託事」，亦有
倉促之間以同音字代替者，也有各地方音不同，轉寫而誤者。述祖於假借之
例亦特別注意，舉例如下：

　　A.〈采苣〉有琀葱珩——《釋文》：「有創，本又作瑲，亦作鎗，同。」

　　B.〈六月〉白旆央央——《釋文》「白筏，本又作斾。」《正義》本作帛筏。
　　《正義》云：「言帛斾者，謂絳帛，猶通帛爲旆，亦是絳也。」段從《正
　　義》本，曰假借字也。

C.〈韓奕〉實畝實籍——《石經》、《小字宋本》作藉,《岳本》作籍。按:《說文》耤田字如此。从竹、从艸者皆假借字。

總之,古代文字不多,彼此之間通用、通假情形相當普遍,不應以譌誤視之。述祖亦明其理,故僅說明字體之間的假借情形,以供參考。

4. 正俗字之分別

區別正俗字並非易事,古代學者一般以《說文》所載之字為正字,《說文》所無之字為俗字,述祖亦依《說文》為準,舉例如下:

A.〈谷風〉賈用不售——錢大昕《石經考異》云:「售,蓋本作讎。」段校讎正字,售俗字。

B.〈素冠〉我心蘊結兮——《唐石經》初刻作薀,後改蘊。阮校蘊即俗薀字。

C.〈隰桑〉中心藏之——《釋文》:「臧之,鄭之郎反。王才郎反。」《說文》無藏字,古通作臧。《正義》作藏,俗本也。

D.〈那〉亦不夷懌——《釋文》「夷繹,字又作懌,同。」按:懌,俗字。《石經》作懌,今本從所出也。

述祖判定為俗字者,其實皆據《說文》有無此字為論。

5. 文字譌誤之例

(1) 字形相近或傳抄造成之譌誤

A.〈甘棠〉召伯所憩——《釋文》「憩,本又作愒。」今本譌揭,阮校改。

B.〈終風〉願言則嚏——毛本作疐,竹利反。《箋》讀嚏,詳《音義》。《音義》本又譌疌,段校是。

C.〈杕杜〉會言近止——近當為𢍺。《說文》:「古之遒人以木鐸記時言。从辵从𠀠,𠀠亦聲。讀與記同。」或古文無𢍺,借近為之。或近與𢍺形近而誤。然以《箋》文攷之,經本作𢍺,故《箋》云:「俱占之,合言於繇為𢍺。」此解會言𢍺止句。又云:「征夫如今近耳。」此解征夫邇止句。後皆譌為近。而《正義》又皆以近釋之,失其旨矣。〈崧高〉借近作己,與此小異。

這些字體皆由於字形過於相近,以致傳抄時發生譌誤。

(2) 因涉他篇而誤

A.〈氓〉總角之晏——《釋文》:之宴如字,本或作卝者,非。《正義》:

經有作卅者，以〈甫田〉總角；分而誤也。《定本》作宴。

B. 〈九罭〉無使我心悲兮——《正義》云：「本或心下有西，衍字，與〈東山〉相涉而誤耳。定本無西字。

C. 〈皇矣〉執訊連連——《釋文》「執訊，字又作辝」。以涉〈墓門〉、〈雨無正〉辝、訊異文而誤也。

《詩經》各篇章之間有些詩句重覆或相近，亦容易因此而造成譌誤。

6. 以鐘鼎古文考釋之例

述祖精研鐘鼎文字有得，於是亦據之立說，判別《詩經》文字歸屬。

A. 〈騶虞〉于嗟乎騶虞——《說文·虍部》云：「虞，騶虞也。白虎黑皮，尾長於身，仁獸，食自死之肉。从虍，吳聲。」按：鍾鼎：虞从矢，从虍。矢，側行也。〈王會篇〉曰：「央林以酋牙。酋牙者，若虎尾參於身。」酋牙即騶虞也。陸機《詩義疏》云：「騶虞不食生物，不履生草，故側行以辟之也。」

B. 〈絲衣〉不吳不敖——《釋文》「不吳，舊如字，譁也。《說文》作吳，吳，大言也。何承天云：吳字誤，當爲吳，從口下大，故魚之大口者名吳，胡化反。此音恐驚俗也。音話。」《正義》云：「人自娛樂，必讙譁爲聲，故以娛爲譁也。《定本》娛作吳。」是《正義》本作娛。《釋文》同《定本》作吳。按：《說文》：「吳，姓也。亦郡也。一曰：吳，大言也。从矢口。呐，古文如此。」鐘鼎古文有矢字，從吳口（應作有吳字，從矢口）。又有吳字，從大口，文義各異。小篆無吳字，故《說文》以古文呐字併入吳字。漢時借吳作吳，或又借娛。《正義》說誤。《釋文》字作吳，音話，是也。

C. 〈生民〉以歸肇祀——《石經》作肇，《通志堂釋文》亦作肇。段云：「《玉篇·支部》云：『肇，俗肇字。』《五經文字·戈部》云：『肇，作肇譌。』《廣韻》有肇無肇。《說文·支部》有肇字，唐以後人妄增。凡古書肇字皆當改作肇。」按：鐘鼎古文肇或作肇，故小篆从支，字當闕疑，未可遽斥爲俗字也。

7. 以禮制考釋文字之例

述祖喜據禮制度說詩，而考釋文字時亦同。對於某些釋義不清的文字，述祖乃引禮制爲說，其例如下：

A. 〈采芑〉鉦人伐鼓——按：《周禮》鉦爲鐲，公司馬所執，與執鼓尊卑有別。鄭氏「鼓人皆三鼓」注：「鼓人者，中軍之將，師帥、旅帥也。」非司𢍜屬。下士之鼓人是鉦人，即公司馬，故謂鼓也、鉦也，各有人焉。然亦可知古文本無鉦字。《毛詩》以隸讀正作鉦。鄭又以其難通，解以互言，皆非詩之本恉也。正，長也，謂師旅之長。《司馬瀍》云：「十人之長執鉦，百人之師執鐸，千人之師執鼙，萬人之主執大鼓。」（《周禮‧大司馬疏》）各以其長言之。是詩本作正人，而古人鉦皆借正也。詳《說文古籀疏證》。

B. 〈楚茨〉鼓鐘送尸——《宋書‧禮志》兩引《詩》皆作鐘鼓送尸。《正義》亦云：「乃鳴鐘鼓以送尸，謂奏肆夏也。」下又云：「又解以鐘鼓送尸，由尸出入，奏肆夏故也。」又云：「〈祭義〉樂以迎來，哀以送往。此鼓鐘送尸者，以哀其享否不可知，自孝子之心耳。其送尸猶自作樂也。」或以經文誤倒而改耳。段校從《宋志》。

C. 〈有瞽〉應田縣鼓——《釋文》「田，毛如字，大鼓也。鄭作敶，音允，小鼓也。」按：古文敶作敕，從古文田，從攴。師既成列，鼓而相擊也。是田乃𩏡鼓。《周禮‧鼓人》以𩏡鼓鼓軍事。大司馬、諸侯執賁鼓，借賁作𩏡，猶借田作敕也。至小篆并敕於敶，遂不知有田鼓之名矣，毛義爲長。敶從敕从申，申，引也。敶所以引樂，申亦聲。敕爲大鼓，敶爲小鼓。敕爲形，申爲聲。小篆從敕，非形非聲，傳寫之訛也。詳《說文古籀疏證》。

8. 以經傳考釋文字之例

所謂以經傳考釋者，即是以經證經，或以傳證經，這種考釋方法，述祖亦頗有運用。

A. 〈四月〉先祖匪人——按：匪即奜字之假借。《說文》奜，讀若頒。《儀禮》「明日以其牷」，注：「古文班或爲辦。」《毛詩》「平平左右」，《音義》：「《韓詩》作便便。」平即釆字。《尙書》「釆秩」，《史記》作便。《索隱》引《尙書大傳》曰「辯秩東作」。是班、辦、便皆一聲之轉。奜人即便人也。《禮‧表記》曰：「后稷天下之爲烈也，豈一手一足哉，唯欲行之浮於名也，故自謂便人。」鄭注：「辟仁聖之名，云自便習於此事之人耳。」先祖謂后稷，父母謂文武，詩例皆然。古文無便字，

或借采，或借粲。粲人分給煩瀆之事者，后稷勤勞稼穡，謙言分給煩瀆之事，故記曰一手一足，或本作粲，而後人轉頒聲爲便耳。言先祖后稷，不憚勤勞，以救天下之民，自謂粲人，何忍視我當此禍亂也。詳《說文古籀疏證》。

B. 〈韓奕〉麀鹿噳噳——《釋文》「噳噳，愚甫反，本亦作麌，同。」阮云：「〈吉日〉《釋文》云：『麌麌，《說文》作噳。』《唐石經》彼作麌，此作噳，本《釋文》。二皆當作噳。」按：阮校是也。此《傳》云：「噳噳然眾也。」〈吉日〉傳云：「麌麌，眾多也。」義同，則文亦當同。《說文・口部》「噳，麋鹿群口相聚兒，从口，虞聲。《詩》曰：麀鹿噳噳。」群口相聚故訓眾多。鄭於〈吉日箋〉云：「麕牡曰麌。」麌復麌，言多也。以麌復麌爲多義，殊近不辭矣。

C. 〈長發〉敷奏其勇——《釋文》「傅奏音孚，本亦作敷。」阮云：「《大戴禮》引是傅字，如尚書『敷納』、『敷土』、『敷淺原』，多引作傅也。」

第一例引《禮記・表記》證匪人應作粲人；第二例則據本篇以外之《毛傳》爲釋；第三例則引《尚書》文字考釋《詩經》文字。

9. 以聲韻考釋文字之例

清代聲韻之學發達，對古音的分韻，述祖頗採顧炎武、段玉裁等人的成果，於是依聲韻考釋《詩經》文字，亦成爲重要方法之一。

A. 〈陟岵〉父曰嗟予子——武億云：「子與己，止韻。季與寐，棄韻。弟與偕，死韻。子、季、弟斷句，行役向下讀。」

B. 〈株林〉乘我乘駒——《釋文》本作驕，音駒。沈云：或作駒字，是後人改之。〈皇皇者華〉篇內同。《正義》本作乘駒。段校沈重說是。顧校從《正義》本。按：〈漢廣傳〉：五尺以上曰駒。〈株林箋〉云：馬六尺以下曰駒。《說文》云：馬高六尺爲驕。引《詩》我馬維驕。或詩本作驕，後人依韻改駒。段從沈說是也。

C. 〈桑柔〉靡所止疑——《釋文》「止疑，魚陟反，定也。」《正義》曰：「疑音凝。凝者，安靖之義，故爲定也。」按：《正義》讀非也。疑與資、維、階爲合韻。凝爲冰字俗體，於韻又遠，不識《正義》何所本也。

10. 以義理考釋文字之例

　　述祖對周初政治、文化有一套相當理想化的詮釋，因此《詩經》中牽涉到周初政治情形的詩歌，述祖不免會依據自己心中的義理作為判別，這種方法較為穿鑿，並無嚴格可信之證據。

A. 〈文王〉假哉天命——《釋文》:「假哉，古雅反，固也。」《正義》同，以鄭亦釋堅固也。然既釋為固，不當讀古雅反，此三家詩舊讀。假，大也。毛訓假為固，假、固、故、古通，固猶久也。久矣，天命有商之孫子，謂商受天命已久，故其子孫眾多。《箋》訓固為堅，迂迴難通，詳《說文古籀疏證》。六朝以前，故多作固，是《毛詩》假音故，相沿從三家音誤，詳《毛詩長義》。

B. 〈般〉於皇時周陟其高山——按:當從《白虎通義》作「於皇明周」，周謂周京也。於乎美哉，周之先公王先公，明於天命，以知未然，實惟作京，為王跡所起。〈皇矣〉曰:「帝省其山」，〈天作〉曰:「天作高山」，高山非四嶽也。周之王跡始於岐山，高山謂岐山，明矣。陟，升也。升其高山，既通殷集大命，度天室，定天保也。

C. 〈四月〉先祖匪人——按:匪即奱字之假借。《說文》奱，讀若頒。《儀禮》「明日以其班祔」注:「古文班或為辨。」《毛詩》「平平左右」，《音義》:「《韓詩》作便便。」平即釆字。《尚書》「釆秩」，《史記》作便。《索隱》引《尚書大傳》曰「辯秩東作」。是班、辨、便皆一聲之轉。奱人即便人也。《禮·表記》曰:「后稷天下之為烈也，豈一手一足哉，唯欲行之浮於名也，故自謂便人。」鄭注:「辟仁聖之名，云自便習於此事之人耳。」先祖謂后稷，父母謂文武，詩例皆然。古文無便字，或借釆，或借奱。奱人分給煩瀆之事者，后稷勤勞稼穡，謙言分給煩瀆之事，故記曰一手一足，或本作奱，而後人轉頒聲為便耳。言先祖后稷，不憚勤勞，以救天下之民，自謂奱人，何忍視我當此禍亂也。詳《說文古籀疏證》。

述祖於第一例中以殷商受天命已久，則《毛傳》之固當為故之假借。第二例中則以周王之發跡於岐山，故以高山為岐山，以明周為明於天命而作京。第三例見於以經傳考證之例，然而此亦由於述祖以鄭玄先祖非人之說有害理義，於是創為便人之說，以保全溫柔敦厚之詩教。

第二節　述祖詮釋《詩經》之義例分析

一、述祖詮釋《詩經》之立場方法

　　皮錫瑞在其《經學通論》中提到《詩》比他經尤難有八〔註10〕，季旭昇先生在《詩經古義新證》中補充「古學難明」〔註11〕等四項，其重點皆在於《詩經》解說的多樣性，所謂「詩無達詁」，以致於讀者可以率其胸臆，任意說解。尤其宋代自歐陽修、朱熹以來，標榜直尋詩義，捨棄《詩序》之說，重視文本直接之詮釋，雖然為《詩經》學注入了面目一新的活力，但卻也遭到學術性格較拘謹的學者反對。晚明清初之後，《詩經》研究逐漸興起反對《朱傳》的聲浪，如郝敬《毛詩原解》、陳啟源《毛詩稽古編》、朱鶴齡（1606～1683）《詩經通義》均依《毛傳》立說，企圖突破朱《傳》獨尊的局面，風潮之起，竟連清代官定之《詩經》教材；《欽定詩經傳說彙纂》、《詩義折中》亦反對朱子某些觀點。而述祖在這股學術浪潮之中，推許尊崇《毛詩》的學風，採取乾嘉文字訓詁之法研究《詩經》，重視歷史、禮制的考證，也建構出強調《詩經》大義的學術特色，以下就述祖詮釋《詩經》之立場分析之。

1. 強調尊崇《毛詩》的立場

　　莊述祖於〈珍藝宦詩〉曾自言其學術目標為：「《詩》毛《禮》戴《春秋》高赤傳」，《詩》以毛為主，即是尊從《毛詩》。又述祖〈答丁若士說毛詩書〉中亦提及到：

　　　　毛公得子夏之傳，自宋以來，舍而別求新說，詩學殆絕。〔註12〕

捨《毛傳》則詩學便絕，由此可見述祖對《毛傳》的推崇。莊氏家族以《詩》、《書》傳子為其家法，莊存與曾為其子女講授《毛傳》故訓，並著有《毛詩說》、以《毛傳》為歸。宋翔鳳亦自言其母「輒自課翔鳳讀《孟子》、《毛詩》、《禮記》，半由口授。」翔鳳母為述祖女，所學亦當傳自述祖，可見講授《毛詩》為莊氏家學傳統。因此，述祖說《詩》依《毛傳》為主，甚至有刻意維護之處，以下就述祖《毛傳》之立場說明。

〔註10〕皮錫瑞著：《詩經通論》（北京，中華書局，2003 年）二‧詩經，頁 1。文長茲不贅引。

〔註11〕季旭昇撰：《詩經古義新證》（北京，學苑出版社，2001 年 6 月），頁 XIII。

〔註12〕《珍藝宦文鈔》，卷六，頁 21。

（1）說詩一準《詩序》

　　《詩序》與《毛傳》的關係一直是《詩經》學史上難解的重大問題，古代學者多認為《詩序》是子夏所傳，其中或有毛公續成的文字，是屬於《毛詩》的一部分。但《後漢書》卻又載衛宏作《詩序》，此《詩序》是否即今本之《詩序》，爭議紛紜。然而多數學者依舊把《詩序》附屬於《毛詩》看待。述祖亦持這種看法，觀《毛詩周頌口義》之體例，乃先列舉《詩序》全文，再論述其中所牽涉到的問題，最後才申論經文。述祖透過《詩序》，確認詩歌背景，再進而闡發大義，因此，述祖是把《詩序》當成毛公所傳，尊崇《詩序》即是尊崇《毛詩》。以下試舉二例以見述祖維護尊崇《詩序》的立場。

　　〈清廟・序〉云：「〈清廟〉，祀文王也。周公既成洛邑，朝諸侯，率以祀文王焉。」《詩序》說明本詩背景為周公率諸侯於洛邑祀文王，述祖從《序》說，但他有自己的主張，他以為詩中的主祭者是成王，而周公但為諸侯之長，所謂率諸侯乃是率諸侯奉成王以祭祀文王。述祖云：

> 《序》言周公率諸侯以祀文王，周公所率者，東方諸侯。西方諸侯，
> 召公率之。不言者，詩以周公為主，從所略也。

述祖的說法其實是違背《詩序》的意思，但他卻認為這是發揮《詩序》的言外之義，因此仍是申《序》。

　　再如〈天作・序〉云：「〈天作〉，祀先王先公也。」《序》以先王先公為祭祀之主，當為袷祭。然而詩歌卻只提及太王、文王，並無其他先王先公，述祖的解釋是：

> 言大王，則先公奕世載德者皆可知也。言文王康之，則后稷之始基
> 靖民者可知也。

述祖以為《詩序》言先王先公，然詩歌但詠大王、文王，是因為這兩人即是先王先公的代表，故歌頌大王及文王，即是歌頌周朝歷代之先王先公。就經文來看，《詩序》與詩歌內容是不符合的，這本是駁《序》的最好證據，但述祖最仍舊依照《詩序》立說，雖近於強辭奪理，但卻可由此看出述祖維護《詩序》的用心。

（2）贊許三家詩之可通於《毛詩》義例者

　　述祖說《詩》雖以《毛詩》為主，推崇《詩序》，但他並非一味否定三家之說，對於三家詩說有可取者，述祖亦能參考採用。但其中仍有一項關鍵原則：必需以毛說為義例。如論《王風・大車》之詩，《序》云：「刺周大夫也。

禮義陵遲，男女淫奔，故陳古以刺今大夫不能聽男女之訟焉。」若依《詩序》之解釋，本詩是諷周大夫不能聽訟，並無實際情事。然而述祖卻以《魯詩》息夫人之事當之：楚國滅息國，息夫人為楚王所虜，遂與息君相約自殺。這本是一段愛情故事，詩歌詠之，當無深意。然而述祖雖以息夫人為詩歌本事，但他所注重的焦點並不在事件本身，而是以王風之中卻載有息國之事，正是諷刺周天子之衰弱不振，與《詩序》諷周大夫禮義衰微可通，傷息大夫，正是傷周之不復東矣，故《魯詩》之義例可與《毛詩》相通。述祖云：

> 此元王詩之可通於《毛詩》義例者也，故有取焉。

述祖雖取三家詩為立說依據，但他的標準是義例可通於《毛詩》，因此，與其說述祖兼採眾說，實則仍是表現在尊崇《毛詩》的立場之上。

（3）批駁鄭玄、孔穎達與《毛傳》違異之說

述祖曾贊揚鄭玄傳經之功，以為「鄭君獨博稽六藝之文，為之注疏，剖析眾說，兼綜百家，略揃誤文，推廣遺義，揆厥源委，典禮以行。」〔註13〕述祖相當推崇鄭玄兼綜百家的學養，認為他能夠「推廣遺義，典禮以行」，述祖這段批評主要是推崇鄭玄在禮學方面的成就，對於《毛詩》而言，述祖便不以鄭玄之兼綜百家為是。鄭玄雖以《毛詩》為底本箋注，使《毛詩》得以流傳至今，但鄭玄本身並非全依《毛傳》立說，時亦採納其他說法以廣異聞，這與述祖尊崇《毛傳》的立場便有衝突；而孔穎達《正義》雖以《毛詩》為名，但實際上較擁護鄭《箋》，其中不乏與《毛傳》立異之處。因此，述祖對於鄭《箋》、《正義》與《毛傳》違異之說，常指摘其誤，但述祖畢竟以鄭玄有「推廣遺義」的功勞，於是多以孔穎達為主要批判對象，然而批評孔穎達，其實便是批評鄭玄。

《周頌口義》中對孔穎達批評之例甚多，如論〈清廟〉之詩，述祖以為《毛詩》是周公率諸侯從成王以祀文王，而孔穎達卻以為是周公使二伯率之，對此，述祖下重語批評《正義》云：

> 此皆不知父子君臣之道也，何足以語〈清廟〉之詩。

述祖雖嚴詞批評孔穎達，然而鄭《箋》亦云：「周公之祭清廟也，其禮儀敬且和，又諸侯有光明著見之德者來助祭。」則鄭玄亦以祭祀之主角為周公，孔《疏》乃據鄭說而發揮，述祖但批《正義》，未及鄭玄，蓋為鄭玄保留顏面也。

又論〈維清〉之象舞名義時，述祖云：

〔註13〕《珍藝宧文鈔·鄭氏家法序》，卷五，頁15。

〈維清〉，奏〈象舞〉也。〈武〉，奏〈大武〉也。則〈象舞〉非〈大
武〉，文自明矣。《正義》承鄭注《禮記》之誤，曲爲之說，而毛義
轉晦。

誤從鄭玄起，《正義》承之，述祖但批孔穎達曲爲之說，對鄭玄則採較爲保留
態度。再如論〈武〉詩時批評鄭玄云：

謂象爲武樂、武詩者，皆鄭之誤也。

僅以「誤」字批評鄭玄，與批評《正義》之強硬措辭實有差別，可見述祖雖
在《詩經》立場上與鄭玄不甚相同，但他基本上是推崇鄭玄的，故而對鄭玄
的指責之詞便不似針對孔穎達那般激烈。

（4）遇《毛傳》有不合理者，概以王肅妄增論之

上述幾點，皆爲述祖依據《毛傳》批評或採納他人之說，立足點是《毛
詩》之說法。然而，若發生《毛傳》所云與述祖本身的見解有重大歧異之時，
述祖則採取兩全之法，他既不批毛，亦不改正己說，反而以《毛傳》不合己
意之處，一概指爲王肅妄改，述祖自云：

唐人《注疏》本，其以《傳》爲《箋》，以《箋》爲《傳》，《傳》中
兼雜王肅語者，悉爲是正。〔註14〕

述祖以爲今本《傳》文中雜有王肅之語，王肅雖曰述毛，但其實是挾私意駁
鄭，所論既非公正，所述亦非毛意，然而，這也給了述祖一個相當好的藉口，
只要《毛傳》不合己意，便以爲是王肅所增改，如論〈生民〉詩時，述祖否
定戴德以姜嫄、簡狄四人爲帝嚳妃之說，然而《毛傳》云：「后稷之母，配高
辛氏帝焉。」則毛公似亦贊同姜嫄爲帝嚳妃。述祖爲維護己說與《毛傳》，他
只得以這段文字爲附益之文，非《毛傳》本文，述祖云：

言后稷生於姜嫄，與彼《傳》不同，知爲坿益也。

附益者誰？即王肅也。再如〈生民・傳〉提到后稷屢屢遭棄之因爲：「天生后
稷，異之於人，欲以顯其靈也。帝不順天是不明也，故承天意而異之於天下。」
述祖反對神異之說，於是他只得再以這段文字爲王肅所加，其云：

《傳》言大鳥來，一翼覆之，一翼藉之，於是知有天異，往取之。
上文乃言帝不順天是不明也，故承天意異之於天下。前後文意不相
顧，又移以赫厥靈傳於字愛也下，皆王肅私改。

述祖將不合己說之《傳》文，一概歸究於王肅私改，然而並未有明確證據可

〔註14〕《珍藝宦文鈔，毛詩故訓傳序》，卷五，頁11。

顯示王肅有增改傳文之事，述祖之說恐不足信。然而述祖的本意仍是在於維護《毛傳》，只是此《毛傳》但為述祖個人之《毛傳》也。

2. 以《書》解《詩》，採取《詩》、《書》互參的方式

　　《詩》、《書》、互參，是述祖說詩的特色之一，他結合研究《尚書》、《逸周書》所得之古史知識，為《周頌》各篇之《序》說尋找支持的證據，試舉幾例明之。

（1）引〈洛誥〉之文，探求周公、成王之關係：

　　竊嘗紬繹〈洛誥〉之文，周公使來告卜，成王敬答誨言，周公遂告王以往新邑，宗祀文王，朝諸侯之事。成王猶是不敢及天基命定命之心，一則曰公功，再三則曰公功，又終之以公無困我，此當日君臣之咸有一德者，可以告天下萬世者也。……成王遂往新邑，宗祀文王，以告成功，以命周公。後王賓秉禋引考承敘，胥於是時，而謂周公自率諸侯，以祀文王。於君臣父子之道，何以成之乎？

（2）引〈洛誥〉、〈召誥〉之文，證明郊祀、宗祀之時間：

　　今以《詩》、《書》證之，郊祀以夏之正月、周之三月。〈召誥〉「丁巳用牲于郊」，亦三月也，即夏之正月也。明堂宗祀之月無明文，而〈洛誥〉之祭歲則日至也，周之正月也。

（3）引〈康誥〉、〈多士〉、〈畢誓〉序證周公未曾居東：

　　所謂東都者，謂洛邑邪？〈康誥〉曰：「周公初基，作新大邑于東國洛。」明三監畔之時，無洛邑也。謂魯邪？《書・畢誓》序曰：「魯侯伯禽宅曲阜，徐夷並興，東郊不開。」即三監、淮夷畔之時，周公未聞之魯也。謂商邪？墨翟書曰：「周公作，關叔辭三公，東處於商。」商為武庚所封國，〈多士〉所謂我不爾動自乃邑是也。周公豈得辟居於畔國乎？

（4）以《逸周書》亦可與《詩》相表裡：

　　〈般〉與《周書・度邑》相表裡，蓋王畿千里，兩京匹休，其辨方正位，以建王國者，烈考之大訓，具在此詩。

述祖對《尚書》、《逸周書》等古史知識，運用的相當純熟，由此亦可見出，他之所以特別闡釋《周頌》各篇大義，原因即在於《周頌》正是周初歷史文化最佳的反映文字，透過與《尚書》的配合，正可建構述祖心目中的聖王天

道理想。

3. 以《禮》解《詩》，重視禮制之分析說明

　　以《禮》說《詩》是鄭玄的特色。莊述祖在論論《詩經》，除與《尚書》古史互參以明《詩序》之背景外，針對《詩序》中所提到的禮訓，述祖亦特別著重說明，述祖雖然沒有《禮》學專書論著，但仍有各別單篇的論說，這方面的見解正表現出他以《禮》說詩的深厚禮學知識。試舉例明之。

（1）以明堂政教合一之法申明〈烈文〉之義：

> 惟文王之德，顯於天矣。不賞而民勸，不怒而民威矣。自昔文勤武教，皆立辟雍，以至周公，旁作穆穆，迓衡不迷，然後厚行典禮，徵之殷獻民，以作此四方新辟，而百辟莫不取法焉。……此武王之大訓也，此天子之所自學也。夙夜恭祀，基命定命，胥於此矣。故曰：〈烈文〉之詩，明堂之政也。

（2）以祫祭申明〈天作·序〉意

> 《序》既言祀先王先公，明先公非獨后稷。況后稷爲配天之祖，《序》必不略之，而稱先公且在先王之下，則祀先王先公，其爲祫祭又明矣。

（3）對〈雝〉之禘祭之新解

> 〈雝〉序曰：「禘大祖。」大祖謂祖所自出。帝，天號也。祭祖所自出，不得在始祖之廟，故祭之於明堂，以始祖配之，而有功德，廟不毀者與食焉。此禘之可徵於經者也。

（4）以靈星之祭為祈時報功之祭

> 杜佑《通典》云：「周制，仲秋之月，祭靈星於國之東南。東南祭之，就歲星之位也。歲星爲星之始，最尊，故就其位。王者所以復祭靈星者，爲民祈時，以種五穀，故報其功也。」《五經通義》曰：「靈星爲立尸，故云絲衣其紑，載升俅俅，《傳》言王者祭靈星，公尸所服之衣也。」今按〈鳧鷖〉每云尸，據《傳》天子諸侯祭社稷尸也。今祀靈星，言公尸，未詳所出。是《通典》以靈星爲歲星，與張晏說異。《五經通義》所引傳說，如〈絲衣〉、〈鳧鷖〉皆非毛義。蓋三家詩有此說，與高子同。《詩序》引此非以證賓尸之事，明矣。〈載芟〉、〈良耜〉言外祭祀，此言內祭祀，毛義固然高子，則三詩皆爲

民祈時之詩，義亦可通。

（5）申論〈豐年〉之報祭非時祭

所謂報者，非僅以秋冬物成，歸功而稱報。〈郊特牲〉曰：「祭有祈
焉，有報焉，有由辟焉。」鄭注報：「謂穫禾報社。」亦與宗廟之報
祭異。然〈魯語〉繼禘郊祖宗而言報，則報又非四時之祭，是烝嘗
蓋謂大嘗、大烝，非時祭之烝嘗矣。鄭〈禮器〉注謂大饗爲祫祭先
王，《周禮・司勳》注謂盤庚茲予大享于先王爾祖，其從與享之爲有
功者，祭于大烝是也。要之〈豐年。爲宗廟之祭，此詩故也。

述祖對詩歌中提及之禮制、祭典皆著重分析說明，用意正與闡述古史背景相
同，欲藉由禮制的探討，明白《詩序》所言之典制，以申明詩義。甚者，述
祖更以爲《詩經》之所能能夠「思無邪」者，正是由於詩三百皆以禮爲基礎，
更可看出述祖重視以《禮》說《詩》的傾向。

4. 以文字訓詁詮釋時義

　　述祖的學術是建立在小學基礎上，他對《詩經》文字的考證，即充份運
用其文字學的知識進行校勘。對於《詩經》篇章大義的闡述，同樣運用古文
字學的學養，以文字訓詁詮釋詩義。試舉例明之。

（1）藉由鐘鼎古文考證《毛傳》文字之誤：

將，古文作𤑆，見古彝器，其文或爲𤑆彝尊鼎，或爲𤑆彝，或爲𤑆牛
鼎，或爲某作𤑆某寶尊彝。《說文》作「鬺，煮也。从鬲羊聲。」字
亦作鬺。〈封禪書〉曰：「泰帝與神鼎一，黃帝作寶鼎三，禹收九牧
之金鑄九鼎，皆嘗鬺享上帝鬼神。」徐廣云：「鬺，亨煮也。」音觴，
亨當讀饗，《韓詩》于以觴之，《毛詩》借湘，《傳》曰：「湘，亨也。」
是毛訓鬺爲亨。此《傳》「大享獻也」，大字爲後人妄增。篆文言獻
之言與言飪之言本一字，《傳》將亦訓言，或疑言言覆衍，改言爲大，
《箋》不知正，易訓奉養，亦未得也。

（2）藉由文字通假申明《毛傳》之意

敦、追皆古文假借。《音義》：「敦，都回反，徐又音雕。」追琢其章
《傳》曰：「追，雕也。金曰雕，玉曰琢。」是《傳》破追爲雕。彼
《音義》追無雕讀，鄭氏《周禮・追師》注：「追猶治也。」引《詩》
追琢其章，以易先鄭追冠名，《序官音義》：「追，丁回反，治玉石之

名，一曰雕。」是先鄭追讀如字，後鄭破字讀雕，可知〈椷樸〉追
字，毛鄭亦皆讀雕。《正義》云：「敦、雕古今字。」是也。此敦琢
《傳》意當以金玉對文而言，謂陳祭祀之器。

述祖運用其古文字知識，對《毛傳》釋義不明之字詞，或由於譌誤、假借等
字詞進行釐清，還原原本之文字句型，或找出其本字，俾令詩義更加顯明。

5. 以義理說詩之傾向

述祖深受傳統儒家思想的影響，強調忠君愛國，重視父子君臣大義，提
倡以孝治國，種種傳統德行皆表現在述祖詩《詩》的理論之中，試舉例如下。

（1）強調愛民思想

詩辭獨詳於民事，於三十一篇之中，文體特異。蓋王者功成致太平，
必極之於民事以觀其盛，無一人不樂其生，無一物不得其所，故以
二詩〈良耜〉為告成功於神明之極則焉。此與〈豐年〉異者，〈豐年〉
言高廩藏齎盛之委，為民力之普存，故極九畡之數言之。此則言成
王之時，萬民所治田業皆年豐歲稔，收穫之多至於萬億及秭，其辭
雖同，而義各有指也。

（2）申明君臣大義

《序》言周公率諸侯以祀文王，周公所率者，東方諸侯。西方諸侯，
召公率之。不言者，詩以周公為主，從所略也。……而《正義》乃
謂周公使二伯率之，以從周公祀文王。……又引〈明堂位〉曰：「周
公踐天子之位，以治天下。」此皆不知父子君臣之道者也，何足以
語〈清廟〉之詩。

（3）提倡孝道美德

蓋七子欲諫，則恐章其母之過，欲默，則不得已，故作《詩》曰「睍
睆黃鳥，載好其音，有子七人，莫慰母心。」言黃鳥猶其音以悅人，
而子不能盡其誠以慰母，曾鳥之不若也。君子謂七子能幾諫矣。曾
子曰：「從而不諫，非孝也。諫而不從，亦非孝也。孝子之諫，達
善而不敢爭辨，爭辨者，亂之所由興也。由己為無咎則竄，由己為
賢人則亂，幾諫之道，盡於此矣。」故詩人美之而作〈凱風〉之詩
也。

述祖相當重視君臣之分際，強調君臣大義，主張重民愛民，這些都可視為述

祖的政治理想，也是自存與之學術觀點所繼承而來，蓋述祖身處和珅專權之時，屢遭抑制，有志難伸，故而特別強調君君、臣臣的分際大義。

二、述祖《詩經》詮釋特點歸納

1. 塑造天道聖王的崇古理想

　　聖王形象的塑造，是莊氏學術政治思想的表現重點。莊存與之經說，作用在於教導皇子，故蔡長林先生云：「若綜觀《味經齋遺書》，即可發現，莊存與所論所陳，乃直接之德治道德勸說，而非純學術性之著作。即其論漢代以後學術之是非，亦在於這些經說是否合於他依自我形象所塑造的『三代聖王』這一文化思維下進行。」〔註15〕而莊存與心目中的至德聖王之形象，主要建立在舜與周公兩人身上。述祖則繼承他對周公的高度讚揚，並擴充及文王，以為文王方為至德之代表，以下分就述祖對文王及周公之形象之建立進行論述：

（1）至德之代表──文王

　　述祖論〈清廟〉詩時，一再盛稱文王之德，其言：「祭宗廟之盛，歌文王之德，莫重於〈清廟〉。」又云：「〈清廟〉之詩，所以立人道之極。」論〈維天之命〉詩時，則以為周朝王業的建立，全在於文王之德，述祖云：「謂嘉文王之德者，非文王之德待武王、周公而後成，而武王、周公之所繼志述事者，皆文王之德也。」又云：「《周頌》之興，皆本於后稷、文武之功德，在成王之世，周公定其樂歌。安得謂頌聲之興，係於子孫乎。」述祖以為頌聲之興，實乃繫於文王之功德。

　　從述祖對文王的極力稱讚，可以得知，其目的乃在於建構出一個至德形象的聖王代表。莊存與選擇刻畫虞舜成為至仁大孝之聖王，莊述祖與之輝映，塑造文王成為盛德至誠的聖王。

（2）純臣之形象──周公

　　述祖對周公純臣形象的建立架構於三點說法之上：一、以周公未曾踐祚稱王；二、以周公未曾避居東都；三、申述周公之志。

　　周公踐祚稱王的問題一直是項重大的爭議，儒者昧於現實的政治環境考量，一再以聖賢標準期許周公，於是千方百計為之開脫，以周公未曾代成王

〔註15〕《常州莊氏學術新論》，頁 150。

踐祚，而保存周公完美之道德形象。因此，述祖對〈明堂位〉周公踐位之說大加批評，利用《詩》、《書》之載，將成王與周公描繪成明君忠臣，上下一心的關係，批評周公踐祚稱王之說乃邪說橫行，為亂臣賊子之藉口。而周公之所以有攝政之舉，皆出於成王之求助。則所謂攝政，實際僅是輔政。述祖此說，保存了成王、周公的君臣大義之分際。

　　周公居東的問題也是周初古史中交代不清的一項爭議，周公究竟是否曾因流言而出奔避禍，述祖亦否認這項可能。他認為以周公之聖明，斷不可能採取消極逃避的方式。述祖以為居東即是東征，實則周公身為輔政大臣，從未曾離開成王身邊。

　　成王受流言所惑，一度致疑於周公，周公則一再表明心志，透過〈鴟鴞〉之寄喻，期望成王能明白己志，並且不可輕忽微禍，此亦述祖大力讚揚周公之處，忠臣之志，乃令成王執書以泣，沛然莫之能禦。

　　透過以上三點關於周公純臣形象的建立，以及對文王道德極致的稱讚，述祖完成他理想聖王的典範，打造出心目中完美的政治制度。雖然述祖不像存與一樣有教育皇子的機會，但同樣具有「致君堯舜上，再使風俗淳」的偉大理想。

2. 重視知人論世方法的運用

　　孟子論《詩》，提倡知人論世之法，述祖吸納孟子的觀點，表現在說《詩》之處，即是重視《詩序》對詩歌背景的交代。述祖對《詩序》幾乎是照單全收，《毛詩周頌口義》及《珍藝宧文鈔》中對《詩經》篇章的解說，幾乎是建立在《詩序》的基礎之上。對於《詩序》所言不明之處，他則予以補充；對於《詩序》遭人抨擊批判之處，他則予以反駁。然而當發現《詩序》之說與實際情各出入太大時，他亦有一套解決方法。試舉述祖對〈般〉詩背景的推測為例。

　　述祖論〈般〉詩時，依據〈金縢〉及〈多方〉記載，以武王克商後五年即崩，根本不可能行巡守之禮。述祖云：

> 武王既克商，二年有疾，周公作〈金縢〉。又三年而崩。計武王克商
> 後在位五年，故〈多方〉曰：「今爾奔走臣我監五祀。」《周禮》「十
> 二歲一巡守。」是武王不得再巡守也。一巡守而〈時邁〉歌之，〈般〉
> 又歌之。一在〈執競〉、〈思文〉之前，一在〈酌〉、〈桓〉、〈賚〉之

後，《雅》、《頌》得所，竊有惑焉。則此《序》「巡守而」三字，衍
文也。

述祖論〈般〉詩時，特別著重武王卒年的考察，表現出說《詩》重視知人論
世的風氣。述祖本可依據《尚書》中之記載，大力抨擊《詩序》巡守之說，
但他卻選擇繼續維《詩序》，以巡守爲衍文，仍究強調《詩序》不可動搖的地
位，故述祖知人論世之方法仍舊是奠基於《詩序》之上。

3. 探求詩歌微言大義

阮元曾引其師李道南之言評論莊存與學術爲「獨得先聖微言大義於語言
文字之外」〔註16〕，闡述詩歌微言大義之旨，正是廟堂文學的特色之一，不
同於一般箋注之學。計較於文字訓詁解說的學風。然而流弊所及，遂使晚清
《公羊》學產生所謂三科九旨、新周故宋之說，非常異義可怪之論大行。然
而述祖繼承存與之學，在學術觀念尚未有後世學子之如此穿鑿。述祖論《詩》
亦著重於微言之旨的闡發，大致可歸納爲兩個層面。

（1）闡述詩歌中關於政治理想的微言大義：

述祖對《周頌》詩篇中微言大義的發揮，必需與他對天道聖王的理想連
繫，如他反復申明〈維天之命〉詩中「曾孫篤之」之曾孫即指成王，爲什麼
述祖這麼在意曾孫的身分，他自言道：

> 夫緣人情而制禮，依人性而作儀，文王得之以德性，曾孫繼之以問
> 學，致廣大、極高明，此聖德之悠久，與天地無疆者也。致精微、
> 道中庸，叔問學之溫故知新，亦與聖德同其悠久者也。厚益加厚，
> 崇益加崇，是之謂天命之不已，是之謂聖人之德亦不已，是之謂君
> 子之問學亦不已也。

若將曾孫廣泛視爲後世子孫，則文王至德之觀點便不易突顯出來，必需以成
王之惠篤敘者，即本於文王之德，方能發揮詩歌之大義。

再如論〈訪落〉「文王陟降，在帝左右」，這本是形容文王神靈不滅，然
而述祖又強調其中蘊含相當精闢的政治理想，述祖云：

> 詩蓋言嗣王所以紹成文武之道，當思前王所以上下天人之際者。……
> 皇考既克定厥家矣，皇祖既高位於上帝矣，明其身然後可以保厥家，
> 不是之率而何率，不是之紹而何紹哉。……此亦周公之以直道上接

〔註16〕阮元：〈莊方耕宗伯經說序〉，《味經齋遺書》，卷首。

天，下接人者也。

由文王陟降，引申出上接天，下接人之說，表達前紹文武之道，後續萬民之治的政治理想，這正是述祖一再闡明詩歌微言大義的要求。

（2）探求詩歌關於禮教文化的微言大義

除了藉由詩歌闡明政治理想外，述祖亦重視探尋詩歌所欲表達之禮教觀念。述祖論〈碩人〉詩時，引孔子與子夏之問答，強調「禮後乎」正爲〈碩人〉詩篇背後所隱藏之大義。《論語‧八佾》篇云：「子夏問曰：『巧笑倩兮，美目盼兮，素以爲絢兮。何謂也？』子曰：『繪事後素。』曰：『禮後乎？』子曰：『起予者商也，始可與言《詩》已矣！』」還原孔子師徒之本意，應是藉繪、素之比喻，象徵以禮爲本質之德行，乃屬斷章取義之用法。述祖則廣泛探討〈碩人〉全篇之詩意，指出婚嫁過程之中即帶有深刻禮教意涵，並批評莊公之惑志，自棄禮義。述祖云：

> 《春秋》譏內娶，所以防威勢之下流也。諸侯壹聘九女而不再娶，所以重繼嗣，節人情也。是以尊妾嬖幸，無由上僭，以弭亂端，禮之至也。夫人始至乘翟車，自蔽茀以朝於君之朝，然後入。入即正寢，所以正內外之治也。故禮昏義必推極於天子與后，后聽天下之內治，以明章婦順，故天下內和而家理。天子聽天下之外治，以明章天下之男教，故外和而國治。教順成俗，外內和順，國家理治，謂之盛德。

由〈碩人〉婚禮隊伍之描述，提出外內和順，國家理治，謂之盛德的深刻底蘊，強調禮教文化的重要性，這也是述祖闡發詩歌微言大義的表現方式。

述祖將〈氓〉與〈行露〉連結起來進行評論，重點仍在表達禮教思想。他批評〈氓〉詩之婦人正由於不守禮法，故落得丈夫粗暴之對待；讚揚〈行露〉之申女，不以一物未具而往，表現出剛毅守禮之個性。述祖以「始焉不能侵陵，終焉不至棄背」諷刺〈氓〉詩之女主人，述祖云：

> 苟不以禮而至陵遲，其需濡可勝道哉。蓋人情至變，信誓難憑，其事非一一可復，後雖欲自明，徒爲人所訕笑耳。思之思之，誠不可斯須去禮也。……無禮謂之彊暴，有禮謂之貞信。大爲之防，誰敢踰之，始焉不能侵陵，終焉不至棄背。

述祖強調必需遵從禮教之規範，單憑人情信誓，是不可靠的，若能以禮爲後盾，則誰敢踰之。

第三節　述祖《詩經》學之影響

述祖《詩經》學的成果表現在文字考證及微言大義的講求之上，其文字考證著重於異文的考證及訓詁的探求上；而微言大義的講求則表現於藉由《周頌》闡述其對周代歷史文化背景的認知，因此，述祖《詩經》學對後世的影響亦著重於這兩方面，以下試就嘉、道之後的研究《詩經》的學者及常州莊氏子弟對述祖《詩經》的接受說明其影響之程度。

一、對嘉慶、道光之後研究《詩經》之影響

嘉、道年間，《詩經》最具成就的三本著本爲馬瑞辰《毛詩傳箋通釋》、胡承珙《毛詩後箋》、陳奐《詩毛氏傳疏》。其中馬瑞辰及胡承珙曾在其著作中採用述祖在文字上的考證成果作爲論述，試舉如下。

馬瑞辰《毛詩傳箋通釋》引述祖之說共有六條，有接受，亦有反駁者。

1. 接受述祖之說者——〈天作〉「彼徂矣岐有夷之行」

> 莊述祖引《易緯注》：佼易無爲。是佼易爲寂然無爲之稱。《正義》以佼爲佼建，失之。〔註17〕

2. 反駁述祖之說者——〈我將〉「我將我享」

> 莊述祖曰：將，古文作鷺，見古彝器。其文或爲鷺彝尊鼎，或爲鷺彝，或爲鷺牛鼎，或爲某作鷺、某寶尊彝。《說文》作蓄，煮也。從鬲，羊聲。字亦作䰞。〈封禪書〉曰：皆嘗鬺享上帝鬼神。徐廣曰：鬺，烹煮也。音觴，享當讀饗。《韓詩》于以鬺之，毛借作湘。《傳》：湘，烹也。此《傳》將亦訓烹。篆文言獻之言與言飪之言本一字，或疑言言覆衍，遂改言爲大。……若莊以爲毛本訓亨，後人改亨爲大，則肔說也。〔註18〕

3. 反駁述祖之說者——〈執競〉「福祿來反」

> 莊述祖云訓過爲逮，謂能逮及祖考。又引或曰，言福祿相逮及，竝非詩義。〔註19〕

〔註17〕《續經解毛詩類彙編・毛詩傳箋通釋》，冊二，頁1572。
〔註18〕《續經解毛詩類彙編・毛詩傳箋通釋》，冊二，頁1573。
〔註19〕《續經解毛詩類彙編・毛詩傳箋通釋》，冊二，頁1576。

4. 反駁述祖之說者——〈思文〉「陳常于時夏」

> 莊述祖曰《風俗通》云：渠，水所居也。《說文》同。《爾雅》：河所
> 渠并千七百一川，言水所居者眾，渠者，大也，喻王者為天下所歸
> 往，如大水之渠并眾小川，即無此疆爾界之義也。今按：陳常于時
> 夏，夏即大也。正與渠之為大義同。莊又云：渠，或云是〈王夏〉，
> 與韋昭云〈納夏〉一名渠，皆肊說也。[註20]

5. 接受述祖之說者——〈豐年〉「亦有高廩」

> 莊述祖《毛詩口義》曰：穗當為委。穗、委聲近而訛。其說是也。
> [註21]

6. 反駁述祖之說者——〈豐年〉「萬億及秭」

> 莊述祖《毛詩口義》引甄鸞《五經算術》……莊述祖謂萬億及秭非
> 高廩所能藏，當謂王者九畡之田之極數，即〈楚語〉所云：王者居
> 九畡之田，收經入以食兆民者，則與上文亦有高廩，下文為酒為醴
> 文義不相連貫，有以知其說之非也。[註22]

在馬瑞辰所引用之六條記錄中，兩條接受其說，四條反駁，可見對述祖文字
考證的接受程處並不高。

　　而在胡承珙《毛詩後箋》中，則僅引一條述祖對文字訓詁之考證，其說
如下：

1. 〈采芑〉「駾彼飛隼」

> 莊氏述祖據〈西京賦〉薛注：隼，小鷹也。為證。……然則鶪子之
> 說，似亦非無據也。[註23]

胡承珙對述祖的說法是大致可接受，但似乎並非相當滿意。

　　除以上兩人外，魏源亦有引用莊述祖之說，於《詩古微・卷三・豳風三
家詩發微中》論〈鴟鴞〉詩時引段玉裁云：

> 段氏《尚書撰異》曰：「《玉篇》古文信作訫。《集韻》作訫，從言從
> 立心，與詶訓皆形近。成王亦未敢信周公，〈鴟鴞〉之詩也。此說作

[註20] 《續經解毛詩類彙編・毛詩傳箋通釋》，冊二，頁1577。
[註21] 《續經解毛詩類彙編・毛詩傳箋通釋》，冊二，頁1581。
[註22] 《續經解毛詩類彙編・毛詩傳箋通釋》，冊二，頁1582。
[註23] 《續經解毛詩類彙編・毛詩後箋》，冊二，頁1976。

訆，於誼亦通。武進莊氏述祖同之。〔註24〕

魏源是先引段玉裁之說，但以附註方式提及莊說與段說同，則重點亦非在於引用述祖之說法。

　　綜合以上例證來看，研究《詩經》之學者對於述祖《詩經》學的成果，多只注重其在文字考證上的成績，但由於述祖絕大多數是立基於阮元及段玉裁的說法之上，加上兩人著作的流傳接受度比述祖之著作來得廣，故學者多只注意到阮元、段玉裁之說，反而忽略了述祖之考證成果。加上述祖時有穿鑿之弊病，因此，其在文字考證上之影響實未能獲得普遍之認同。

二、對常州莊氏子弟的影響

　　常州今文學派發揚於劉逢祿，其學術性格是注重微言大義之講求，這也是莊存與、莊述祖的學術特色，因此，劉逢祿所受述祖之影響是相當深厚的。而述祖探求《詩經》微言大義的特點在於借由探討《周頌》相關篇章，進而恢復周代文化背景，這與《尚書》之學有相當大的關連，故劉逢祿對述祖《詩經》學的接受即表現在其對《尚書》之研究上。劉逢祿在其《尚書》解經著作之中，時而引用述祖對《詩經》的文字研究成果及對詩歌大義的闡發以為論證，由於家學傳統的影響，劉逢祿是普遍接受述祖的說法，試分析如下。

　　劉逢祿在《尚書今古文集解》中採用相當多述祖關於《尚書》及《詩經》的見解，而關於引用述祖《詩經》的研究成果有以下幾點。

1. 引文字考證——〈康誥〉「王若曰，孟侯，朕其弟，小子封」

　　　莊云：其當為迋。《詩》「往迋王舅」，《傳》曰：「迋，已也。」《箋》
　　　云：「迋，辭也。」聲如彼記之子之記。〔註25〕

此乃引述祖《毛詩考證》之說法。

2. 引文字考證——〈康誥〉「民大譽，弗念弗庸，瘝厥君；時乃引惡，惟朕憝。已，汝乃其速由茲義率殺。」

　　　莊云：民下疑脫有字。念當為諗。諗、念古通。《毛詩傳》：「諗，念
　　　也。」《箋》：「告也。」〔註26〕

〔註24〕《續經解毛詩類彙編·詩古微》，冊三，頁3154。

〔註25〕〔清〕劉逢祿撰：《續經解尚書類彙編·尚書今古文集解》，冊一，頁365。

〔註26〕《續經解尚書類彙編·尚書今古文集解》，冊一，頁367。

3. 引文字考證——〈梓材〉「今王惟曰：先王既勤用明德，懷為夾，庶邦享作，兄弟方來；亦既用明德，后式典集，庶邦丕享。皇天既付中國民越厥疆土于先王；肆王惟德用，和懌先後迷民，用懌先王受命。」

> 莊云：《毛詩》使不挾四方，《傳》：「挾，達也。」此夾亦當作挾，
> 與《毛詩》同。〔註27〕

以上為述祖引《詩》證《書》，為逢祿所採納。

4. 引微言大義之說——〈洛誥〉「文武勤教。予沖子夙夜毖祀。」

> 莊云：文王之勤，武王之教，予沖子所夙夜慎祀者也。《中庸》所謂
> 成文武之德。〔註28〕

文武之德乃述祖論述《周頌口義》所反復申論之重點。

5. 引微言大義之說——〈洛誥〉「惟周公誕保文武受命惟七年。」

> 若周公踐祚稱王，改元紀年之邪說，自孟子沒後，大義乖反，皆託
> 〈洛誥〉復辟明農之文而不察其本訓。馬鄭諸儒又從而播其狂瀾。
> 莊先生既辭而闢之，余復經文疏通證明之如此。〔註29〕

批評周公踐祚稱王之說亦為述祖論述《周頌口義》時之重點，述祖進而以為此皆荀卿以下之妄說，逢祿亦接受之。

除《尚書今古文集解》外，逢祿《書序述聞》、《春秋公羊經何氏釋例》亦有採用述祖之《詩經》學觀點。論述如下：

6. 《書序述聞》——「召公既相宅，周公往營成周，使來告卜，作〈洛誥〉。」

> 莊先生云：〈洛誥〉之書，周公誕保文武受命于是乎成。《周頌》曰：
> 維天之命，於穆不已，於乎不顯，文王之德之純。假以溢我，我其
> 收之。駿惠我文王，曾孫篤之。太平告文王之詩也。《孝經》云：孝
> 莫大於嚴父，嚴父莫大於配天，則周公其人也。〔註30〕

以周公告文王為至孝表現，此亦為《周頌口義》所闡述之觀點，劉逢祿則吸收之以說《尚書》。

〔註27〕《續經解尚書類彙編·尚書今古文集解》，冊一，頁373。
〔註28〕《續經解尚書類彙編·尚書今古文集解》，冊一，頁379。
〔註29〕《續經解尚書類彙編·尚書今古文集解》，冊一，頁381。
〔註30〕〔清〕劉逢祿撰：《續經解尚書類彙編·書序述聞》，冊一，頁449。

7.《春秋公羊經何氏釋例》——「問古者鄭國處於留」

> 莊述祖云:劉向《列女傳》以〈大車〉之詩爲息君夫人所作,蓋《魯》、
> 《韓》詩說。鄭與息接境,息無風。此詩及〈丘中有麻〉詩,《魯》、
> 《韓》蓋在鄭風。〔註31〕

述祖於文鈔中論〈大車〉詩應以息夫人事爲本事,而可與《毛詩》義例相通,故取三家之說。逢祿亦採其說。

劉逢祿曾說:

> 《尚書今古文集解》何爲而作也,所以述舅氏莊先生一家之學,且
> 爲諸子授讀之本也。〔註32〕

可見逢祿對述祖學術的尊崇。述祖《詩經》學對常州學術的影響,建立《尚書》學的流傳之上。他本身即非常注重《詩經》與《尚書》互相映應的採用,因此,劉逢祿利用述祖在《詩經》學上的成果來豐富《尚書》的研究。然而由此亦可看出,述祖在《詩經》重要議題上並無太大之發揮,述祖《詩經》學對後世的影響實際是偏離了《詩經》本身的研究範圍,或許也正由於如此,述祖的《詩經》學影響是不如他在《尚書》研究上的成果的。加上劉逢祿不好《毛詩》,惟崇今文說法,而劉逢祿的光輝遮掩了述祖的研究成果,是故述祖《詩經》學對後世的影響是相當有限的。

第四節　述祖《詩經》學之評價

一、歷代學者對述祖《詩經》學的評價

莊述祖在《詩經》學的成就,主要表現在文字考證及詩歌大義的探討之上,在現存作品之中,我們無由看到他對《詩經》一些基本關鍵問題的看法,但整體上仍表現出他闡發詩義,強調政治、禮教理想的說《詩》方式。然而述祖對《詩經》的研究,一直以來,並未受到學者的重視,曾經對述祖《詩經》學作出評價的學者寥寥可數,且觀李慈銘(1829～1894)在《越縵堂讀書記》中評論述祖《毛詩考證》及《尚書今古文考證》時云:

> 所著以《尚書考證》、《毛詩考證》、《弟子職集解》三種爲最佳。〔註33〕

〔註31〕〔清〕劉逢祿撰:《續修四庫全書·春秋公羊經何氏釋例》,冊125,頁589。
〔註32〕《續經解尚書類彙編·尚書今古文集解》,冊一,頁259。
〔註33〕《越縵堂讀書記》,中冊,頁821。

又云：

> 閱《珍藝宦叢書》中《毛詩考證》、《尚書考證》兩種，其意本主考列
> 文字異同，而時佐以新意。……其解《詩》多取段氏《毛詩小學》，
> 阮氏《校勘記》之說，較《書》為優。而解先祖匪人為匪當作夔，先
> 祖指后稷，夔人即便人，則尤怪妄矣。莊氏之學，大抵如是。〔註34〕

李慈銘以為述祖之著作以《尚書今古文考證》、《毛詩考證》為較佳作品，而
《毛詩考證》又較《尚書今古文考證》為優，原因在於《毛詩考證》吸收段
玉裁及阮元的校勘成果，對於述祖自出心得之「匪人」為「便人」之說，則
斥為怪妄，嫌其穿鑿。

《續修四庫全書提要》亦曾對述祖《毛詩考證》作出簡明提要，江翰云：

> 論先祖匪人，匪即夔字假借，《說文》夔讀若頌，夔人即便人，班、
> 辨、便皆一聲之轉。或本作夔而後人轉頌聲為便。夔人分給煩瀆之
> 事者。后稷勤勞稼穡，謙言分給煩瀆之事，是說恐非詩旨。后稷可
> 謙言，子孫何必代之謙言。殆因《箋》云我先祖匪人乎。義有未安，
> 而創為之解，不亦失之愈遠與。〔註35〕

江翰亦以「先祖匪人」批評莊述祖之考證，所說與李慈銘大同小異，蓋襲自
李慈銘也。另外，江翰又說：

> 其辨彼美淑姬，《釋文》叔音淑，本亦作淑。是詩本作叔，鄭讀淑也。
> 《釋文》從之，《注疏》本誤作淑，當從通志堂本改正。實畝實籍，
> 《石經》、小字宋本作籍，岳本作籍。按《說文》耤田字如此，從竹
> 從艸，皆假借字。凡若此類，雖所見甚是，無關弘旨。〔註36〕

以為述祖所考所證，過於瑣碎，無關宏旨，可見江翰對述祖《毛詩考證》之
評價並不高。

述祖善用於古文字的知識與經典記載相應證，丁寶銓（1865～1919）便
曾推崇述祖云：

> 本朝莊氏葆琛、吳氏荷屋為用金文證經之鉅子。〔註37〕

然而述祖用古文字證經之處，時有過度發揮，失之穿鑿之處，章太炎曾評述

〔註34〕《越縵堂讀書記》，中冊，頁579。
〔註35〕《續修四庫全書提要》，第一冊，頁407。
〔註36〕《續修四庫全書提要》，第一冊，頁407。
〔註37〕昌彼得主編《清代名家集彙刊》（臺北漢華文化事業股份有限公司，影印國立
臺灣大學藏清宣統三年刊本丁寶銓序傅山《霜紅龕集》，1971年），頁1。

祖之古籀研究爲：

> 推跡古籀，眇合六書，不爲穿鑿，莊述祖、龔自珍不足當牧圉。
> 〔註38〕

章太炎批評述祖對古文字的研究太過穿鑿，這是述祖說古籀之失，是故當述祖以古文字考證《詩經》時，亦表現出這種風氣，遭受批評，在所難免。不過李慈銘也指出其中之優點：

> 莊氏本深通經學，思力勤邃，其引據紛綸，亦往往解頤，千慮之得，未始不有裨小學也。〔註39〕

雖有穿鑿之失，但亦有可裨補經說之處，不當以偏蓋全，是較爲通達之說。

近世夏傳才先生主編《詩經要籍集成》，並撰提要，其中對述祖《毛詩考證》之評論出自趙逵夫先生之手，其云：

> 《毛詩考證》四卷，多考《毛詩》、《正義》、《釋文》、《石經》異同。……作者舉此異文，似不必要，然也由此可以看出後代致誤之由，及《詩經》版本的情況。……實事求是，謹嚴愼審，不輕於持論。較臧琳《經義雜記》一味佞鄭非王之作法爲高。……然該書個別地方有牽強附會處，使人難以置信。但總體來說，莊氏此書體現了清代樸學家作風，雖所論偏於細瑣問題，以校文字異同爲多，然亦不失爲一部有參考價值之作。〔註40〕

學界對述祖《毛詩周頌口義》的評論則更少，馬瑞辰《毛詩傳箋通釋》對述祖之說有採有駁，但均集中採用述祖在文字考證方面的見解，如評論述祖對「我將我亨」的解釋，則云：

> 若莊以爲毛本訓亨，後人改亨爲大，則肊說也。〔註41〕

馬瑞辰雖然採《毛詩口義》之說，但非關詩篇大義，仍以文字考證爲主。且以述祖之說爲臆說，則與章太炎同，皆以述祖古文字之學有穿鑿之弊也。

江翰於《續修四庫全書提要》中曾對《周頌口義》作出評價，他說：

> 以是言之，則固與空談義理，不明訓詁者異矣。〔註42〕

〔註38〕章太炎〈瑞安孫先生傷辭〉，《章太炎全集》（上海：上海人民出版社，1985年），第四冊，頁223。

〔註39〕《越縵堂讀書記》，中冊，頁518。

〔註40〕夏傳才主編：《詩經要籍提要》，頁236～238。

〔註41〕《續經解毛詩類彙編・毛詩傳箋通釋》，冊二，頁1573。

〔註42〕《續修四庫全書提要》，第一冊，頁408。

江瀚著重的重點並不在《周頌口義》對詩篇大義的闡述,而是看重述祖說經有據,以訓詁解釋經典,並非空談義理。則江瀚對《周頌口義》的真正涵義並未了解。

趙逸夫評《周頌口義》則云:

> 大體此書據文獻所載周代禮制、樂制及歷史而解釋詩之背景、演奏情況及詩義,主「誦其詩,讀其書,不可不知其人,論其世」,有時亦就詩之內容加以引申發揮,或者亦藉以宣揚封建倫理思想(如論〈清廟〉)。然而作者畢竟是乾嘉時代學有根據的宿儒大家,其詮解詩義非一般童蒙讀可比,亦與不明訓詁空談義理者異。如卷一〈昊天有成命〉云:「鄭破廣為光,不知熙本訓廣,破固為故,不知故、固古通。章句之學,自漢之東古法漸失,況魏晉以下乎?學者無鹵莽於七十子所傳之大義也。」可見其眼界之高。〔註43〕

趙先生指出《周頌口義》乃根據周代禮制、樂制及歷史說詩,已經說出《周頌口義》的特色之處,但仍沒有深入分析。至於他評述祖與不明訓詁空談異理者異,則是根據江瀚所言而發。

由上列批評可以看出,學者多關注於述祖對經文文字考證的解說,對於《周頌口義》所欲建立之政治理想並未多予著墨,然而這才是述祖《詩經》學真正的重點。美國學者艾爾曼說:

> 莊述祖除研究《春秋》之外,還寫過大量專門的考證著作,其中有廣為學界稱道的《毛詩考證》、《尚書今古文考證》。他的宏偉學術計劃之一是重建夏商兩代的經典文本,他認為這些文本的價值可以與周代的經典遺產相匹敵。〔註44〕

艾爾曼認為述祖對文字考證的用心,在於恢復古代文本的真正面貌,由此以達成他對上古聖王政治理想的渴望,不過有待說明的是,艾爾曼以為述祖志在恢復夏、商之文本,此乃表現在述祖《說文古籀疏證》及對〈夏小正〉的研究之上,而非《毛詩》及《尚書》的文字考證,對於《毛詩》、《尚書》的校定考證,其主要方向還是在於塑造王、周公等聖賢的形象。

二、重新檢視述祖《詩經》學的成果

〔註43〕夏傳才主編:《詩經要籍提要》,頁239。
〔註44〕艾爾曼撰:《經學、政治和宗族──中華帝國晚期常州今文學派研究》,頁130。

　　莊綏甲曾蓋括述祖的學術云：

　　生平學業，萃於《夏時》；隸括董何，規模等差；文辨壁書，義窮聲
　　詩；官禮通貫，古籀心知；源探甲乙，倉史克追。〔註45〕

所謂「義窮聲詩」者，是強調述祖對詩篇微言大義的闡述，與學者多注意述
祖在古文字方面的研究不同，可見莊家子弟還是比較了解家族前輩所欲追求
的理想，因此，今日重新評價述祖《詩經》學的地位時，有必要就文字考證
及《詩經》大義之探索作一重新評價，以圖為述祖在《詩經》學上尋得正確
恰當的地位。

　　述祖《毛詩考證》雖是建立在段玉裁、阮的校勘基礎上，但他亦自言此
乃「喜其先得意所欲言」，可見述祖並非單方向接受段、阮二人校勘之說法，
他亦是有所思而得，只是二人說法頗與之合，因此，述祖在《毛詩》考證中
亦不隱晦段玉裁、阮元之說，反而常常直接肯定二人的校勘成果，這也表現
出述祖大儒之風範，並不計較於文人相輕之惡習。

　　述祖運用他對古文字研究的成果考校《詩經》文字，雖然李慈銘等人嫌
其說穿鑿，但他的說法仍是有證據的。如論「先祖匪人」之為「夒人」、「便人」，
乍看之下，實令人難以置信。然而他舉《尚書》、《禮記》等記載證明，說明
他並非無的放矢。雖然便人之說並未受到學者肯定，然而於義理上確較匪人
之說為佳。詩無達詁，只要說得通，何嘗不可是詩義。

　　又如述祖論「應田縣鼓」云：「棟為小鼓。東為形，申為聲。小篆從東，
非形非聲，傳寫之譌也。」述祖判定從東非聲，乃傳寫之誤，斷《說文》所
載小篆有誤，其說是也。雖然述祖未能明白「田」、「申」為假借關係，然此
乃由於今人據新出土銘器而得知，不能由此批評述祖。

　　再者，述祖《毛詩考證》書中所採用的方法，依今人之分析，有理校、
對校之法，述祖對兩法則能夠交差運用，他對於有把握確定其是非的異文，
勇於作出判斷，對於無法確認之字，則保留其說，不加任何評語。在《毛詩
考證》書中，有闕疑之例，如說〈皇矣〉「維此王季」時云：

　　《正義》引昭二十八季《左傳》云：「此云維此王季，彼言維此文王
　　者，經涉離亂，師有異讀，後人因即存之，不敢追改。今王肅注及
　　《韓詩》亦作文王，是異讀之驗。」按：《左氏傳》是古文，《韓詩》
　　是今文，古今文皆作文王，而《毛詩》獨異。至訓詁又皆本之左氏。

鄭注《禮》則從《韓》，箋《詩》則從毛，故《正義》亦依違其說。

此說經此當闕疑者也。

亦有敢於下斷語判斷之例，如論〈生民〉「履帝武敏歆攸介攸止」之斷句謁文時云：

《釋文》「攸介音戒。毛大也，鄭左右也。」《正義》云：「爲天神所美大，爲福祿所依止，皆作攸介攸止。」〈釋訓〉曰：「履帝武敏，武，跡也。敏，拇也。」《音義》『敏，舍人作啟。釋云：古者姜嫄履天帝之跡於畎畝之中而生后稷。』是舍人本不應有敏啟也三字矣。或郭本以鄭《箋》誤入釋訓文耳。今按：《傳》、《箋》文義皆履帝武敏絕讀，歆字向下讀，當作歆介攸止，衍攸字，蓋涉〈甫田〉「攸介攸止」文而誤也。詳《毛詩長義》。注疏本《釋文》作介，音戒，無攸字及毛大也以下七字，通志堂本有。

可見述祖是不拘泥於某一種方法的，也因此才造就他在校勘之學突出的貢獻。

據此，吾人今日評價述祖運用古文字考證異文的成果時，不能如李慈銘但以「怪妄」評論之，亦不能如江翰但泛言「恐非詩旨」。述祖是懂得採取王國維所謂二重證據法來考校詩義的，在〈書邢季鐘銘後〉一文中，述祖認爲古文鐘鼎銘文之記載，可「與《詩》、《書》、《論語》、《爾雅》相應。」〔註46〕因此，吾人若要評論述祖的校勘成果，必需仿效述祖，以更新之出土證據申述或反駁其說，而非但以怪妄驗之。

述祖之校勘《詩》、《書》異文，除恢復周秦古籍之原貌外，更重要的企圖是欲藉由古籍原典的回復，來申述闡發述祖所強調之聖王政治的精神，因此，「聖王」形象的建立始終貫穿於述祖對詩篇大意的闡述之中。述祖爲完成政治理想的宣傳，對《詩經》中的許多禮制都有精闢的解說，如論禘祭、祫祭、靈星繹祭等禮制，論明堂政教合一制度，以及對九夏樂曲之分析，對祭祀歌曲名義的界定等等，雖然其中不免有迂曲之說，然引證豐富，仍是今日研究《周頌》時不可不讀的材料。

再如述祖透過《詩》、《書》記載建構周初政治文化情形，他雖以先入爲主的觀念強調周公未曾踐祚，但仍提出相當多論證，代表莊氏家族對這個問題的看法，也可與莊存與之說互相參照，藉以更加徹底清楚莊氏家族廟堂學術的特色。尤其值得一提的是，述祖對東周初年的政治情勢作出合理判斷，

〔註46〕《珍藝宦文鈔》，卷五，頁 37。

他突出了歷史上頗遭忽略的二王共立時期，批評《左傳》二王先後即位之說。述祖對東周古史的建構，在今日學者的研究之下，可以說已得到了認同。

當然，述祖說《詩》仍有許多值得批判之處，如他過份強調《詩序》及《毛傳》的地位，曲意維護，並由此而批評劉歆及王肅，他將《毛傳》中不合己意的句子一概推予為王肅妄增，非但輕薄古人，且無任何證據可證明其說。述祖批評對象甚至針對到荀子，然而毛公之學乃傳自荀子，批評荀子不啻等於批評《毛詩》邪？述祖未及多論，證明他的學術觀點存有很強的主觀意識，這是需要批判的。另外，他忽視詩歌藝術之美，對古代神話傳說定位不清，對詩義時有過度詮釋的弊病，這些都是今日研究述祖《詩經》學時所必需反省的問題。

第陸章　結　語

　　在針對莊述祖《詩經》學作品進行逐條考察分析後，莊述祖《詩經》學的整體輪廓已可爲我們所掌握。述祖在《詩經》文字校勘方面的成績較受到重視。他對於文字校勘有頗爲清晰的理路，重視對校與理校方法之相互運用，對於無法解釋的疑義，莊述祖懂得以闕疑方式留待後人釐清；而對於符合心中理想的說法，則敢於發表，雖然遭受到許多批評，但所說所言皆可找到證據輔佐，且對詩義亦有俾益，不可謂怪妄。述祖在古文字研究有卓越成績，他能夠運用鐘鼎古文的見解，闡釋詩句，試圖對《詩經》異文作出合理判定，這也是他個人學術特色，有別於段玉裁、阮元的校勘成果。《毛詩考證》雖以段玉裁、阮元之說爲基礎，但部分成績卻可凌駕其上，時有新解，確實是校勘《詩經》文字著作中，相當值得參考的作品。

　　當然，述祖的考證也存有缺失。他雖不隱晦所引用學者之聲名，但在敘說他們的觀點時，稍嫌簡略，甚至有錯引或斷章取義的現象，這是必需注意的。再者，他的校勘有過於理想化的現象，他建立一套理想的古代政治文化，主張可反應於文字校勘上，於是他論證異文時，對於可符合理想古文化的說法便予以採用，過於主觀，此乃對理校之法過分運用的結果，爲校勘學之大忌，造成所言雖有理，然而證據的輔佐卻總是令人無法完全信服，這也是時人批判述祖考證《詩經》文字的最大缺陷。

　　總之，述祖對《詩經》文字的釐定，有不可磨滅的成績，若因本書過於簡略而忽視之，將是《詩經》研究史上的損失。

　　莊述祖的文字校勘只可作爲他整體《詩經》學的基礎工作，他的一切準備工作全是爲了闡發聖王天道的精神。莊述祖對古代文化有充滿理想化的發

揮，這也是莊氏學術相承的觀點。述祖選擇《周頌》以及《詩經》中與古史有關的詩篇展開論述，重點全在維護聖王天道的精神。莊述祖推崇文王，認爲他是道德極至的代表，認爲《周頌》之詩，雖於成王時代由周公所作，然而所有的精神，全本於文王道德功業之完成，而武王、周公、成王，則是善爲繼承文王之德者。除大力推崇文王外，述祖亦集中心力刻畫周公的形象，他亦將周公塑造成爲道德崇高的表率。他否認周公踐祚攝政之說，否定周公避居東都之說，認爲周公忍辱負重，始終以大局爲重，未曾輕易離開成王身邊。在文王與周公身上，述祖建構出一幅聖君賢臣的理想政治關係，作爲他政治哲學的最高闡發，也突顯莊氏學術之廟堂文學色彩。

莊述祖說《詩》全依《毛詩》，因爲《毛傳》是先秦以前流傳的眞品，符合他崇古的特質，因此，他幾乎完全根據《詩序》立說，莊述祖雖然表現出說詩論世的特色，然而有過於偏頗的弊病，他雖崇尚《詩序》，但仍有依違於其間的說法，然而對於《毛詩》不合理之說，他則將責任全往劉歆、王肅身上推，認爲他們竄改經傳，使得今本《毛詩》遂有不相符合之處，其實不符合者，乃不符合莊述祖自己心中的義例，這也是他說《詩》的主觀表現，需要批判。不過，述祖爲完成他立基於《毛詩》的立場，對於古代禮制、歷史、樂制物有相當多考證，整部《周頌口義》，不啻爲一本說《禮》之著作，述祖分析禮制，引證充足，所說皆有本，雖然考證結果不一定能眞正闡發古制，然而述祖在這方面的成就卻是不容忽視。

清代學術經過乾嘉考據學的洗禮之後，在常州諸子身上再度開啓經世研究之學風，這部分的思想源頭表現在莊存與、莊述祖政治理想的建構之上。本論文雖專以莊述祖之《詩經》學作爲研究範圍，實則述祖的《詩經》學只是他整體學術其中的一部份架構，嚴格說來，述祖研究《詩經》的成果是爲了來補強其政治哲學的思想，述祖是以經世爲懷的學者，他關懷政治，嚮往三代聖王時代，這是儒者崇古思想的表現，但也是儒者對政治理想的展望，我們不能只以迂腐視之。因此，述祖的學說對常州學子有著導引的作用，述祖繼承存與學術觀點，繼續發揮天道聖王之說，也形成常州莊氏學術之獨異於考據之風，雖然學術風氣是彼此影響的，既有個人特色，亦有時代風潮。述祖身居兩者之間，一方面表現出對經典文字考證的要求，一方面又著重闡發微言大義。可以說，在述祖身上同時見到考據之學與經世之習，也難怪述祖會對常州學子產生相當大的影響。這方面的繼承關係，在蔡長林先生對莊

氏學術的研究之後，可說重新開啓了一個全新的視野，而本論文即追隨其後，首先在學界開啓對述祖《詩經》學之研究，欲再深入闡明述祖在《詩經》學上的成就，以期更釐清述祖經學思想表現的方向與地位。當然，學術思想面貌的總體呈現是綜合在各科思想之上，述祖《詩經》學觀點的展現，無法代表他全部的經學思想，然而本論文期望透過各單科細項的研究，能在常州經學之研究中，帶動對莊氏各經思想的深入探討，從而，豐富莊氏學術的每一個層面，並使常州學術得到其應有之地位及評價。

參考書目

A、莊述祖專著

1. 〔清〕莊述祖撰《珍藝宦遺書·毛詩考證》（清嘉慶道光年間令舫刊本）。
2. 〔清〕莊述祖撰《珍藝宦遺書·周頌口義》（清嘉慶道光年間令舫刊本）。
3. 〔清〕莊述祖撰《珍藝宦遺書·珍藝宦文鈔》（清嘉慶道光年間令舫刊本）。
4. 〔清〕莊述祖撰《珍藝宦遺書·珍藝宦詩鈔》（清嘉慶道光年間令舫刊本）。
5. 〔清〕莊述祖撰《珍藝宦遺書·五經小學述》（清嘉慶道光年間令舫刊本）。
6. 〔清〕莊述祖撰《珍藝宦遺書·毛詩考證》（清嘉慶道光年間令舫刊本）。
7. 〔清〕莊述祖撰《珍藝宦遺書·尚書今古文考證》（清嘉慶道光年間令舫刊本）。
8. 〔清〕莊述祖撰《續經解毛詩類彙編·毛詩考證》（臺北：藝文印書館，1986 年）。
9. 〔清〕莊述祖撰《續經解毛詩類彙編·周頌口義》（臺北：藝文印書館，1986 年）。
10. 〔清〕莊述祖撰《續經解諸經總義類彙編·五經小學述》（臺北：藝文印書館，1986 年）。

B、《詩經》相關著作

甲、古籍著作

1. 〔吳〕陸璣撰《毛詩草木鳥獸蟲魚疏》（臺北：臺灣商務印書館，影印文淵閣四庫全書，1983 年）。

2. 〔宋〕歐陽修撰《通志堂經解・詩本義》（揚州：江蘇廣陵古籍刻印社，1993 年）。

3. 〔宋〕蘇轍撰《詩集傳》（臺北：臺灣商務印書館，影印文淵閣四庫全書，1983 年）。

4. 〔宋〕朱熹撰《朱子全書・詩集傳》（上海：上海古籍出版社，2002 年）。

5. 〔宋〕呂祖謙撰《呂氏家塾讀詩記》（臺北：新文豐出版社，1984 年）。

6. 〔宋〕李仲、黃實夫撰《通志堂經解・毛詩集解》（揚州：江蘇廣陵古籍刻印社，1993 年）。

7. 〔宋〕許謙撰《通志堂經解・詩集傳名物鈔》（揚州：江蘇廣陵古籍刻印社，1993 年）。

8. 〔宋〕楊簡撰《慈湖詩傳》（臺北：臺灣商務印書館，影印文淵閣四庫全書，1983 年）。

9. 〔宋〕輔廣撰《詩童子問》（臺北：臺灣商務印書館，影印文淵閣四庫全書，1983 年）。

10. 〔宋〕王應麟撰《詩攷》（臺北：臺灣商務印書館，影印文淵閣四庫全書，1983 年）。

11. 〔宋〕嚴粲著《詩緝》（臺北：廣文書局，1989 年）。

12. 〔明〕胡廣等撰《詩傳大全》（臺北：臺灣商務印書館，影印文淵閣四庫全書，1983 年）。

13. 〔明〕郝敬撰《毛詩原解》（臺北：新文豐出版社，1984 年）。

14. 〔清〕《欽定詩經傳說彙纂》（臺北：臺灣商務印書館，影印文淵閣四庫全書，1983 年）。

15. 〔清〕《御纂詩義折中》（臺北：臺灣商務印書館，影印文淵閣四庫全書，1983 年）。

16. 〔清〕王夫之撰《續經解毛詩類彙編・詩經稗疏》（臺北：藝文印書館，1986 年）。

17. 〔清〕朱鶴齡撰《詩經通義》（臺北：臺灣商務印書館，影印文淵閣四庫全書，1983 年）。

18. 〔清〕陳啓源撰《皇清經解毛詩類彙編・毛詩稽古編》（臺北：藝文印書館，1986 年）。

19. 〔清〕惠周惕撰《皇清經解毛詩類彙編・詩說》（臺北：藝文印書館，1986 年）。

20. 〔清〕姚際恆著《詩經通論》（臺北：廣文書局，1993 年）。

21. 〔清〕戴震撰《皇清經解毛詩類彙編・毛鄭詩考正》（臺北：藝文印書館，1986 年）。

22. 〔清〕戴震撰《皇清經解毛詩類彙編・詩經補注》（臺北：藝文印書館，1986 年）。

23. 〔清〕阮元撰《皇清經解毛詩類彙編・毛詩校勘記》（臺北：藝文印書館，1986 年）。

24. 〔清〕陳奐撰《續經解毛詩類彙編・詩毛氏傳疏》（臺北：藝文印書館，1986 年）。

25. 〔清〕馬瑞辰撰《續經解毛詩類彙編・毛詩傳箋通釋》（臺北：藝文印書館，1986〔清〕胡承珙撰《續經解毛詩類彙編・毛詩後箋》（臺北：藝文印書館，1986 年）。

26. 〔清〕李富孫撰《續經解毛詩類彙編・詩經異文釋》（臺北：藝文印書館，1986 年）。

27. 〔清〕方玉潤著《詩經原始》（臺北：藝文印書館，1981 年）。

28. 〔清〕周邵蓮著《詩考異字箋餘》（臺北：力行圖書公司，1970 年）。

29. 〔清〕陳喬樅撰《續經解毛詩類彙編・毛詩鄭箋改字說》（臺北：藝文印書館，1986 年）。

30. 〔清〕陳喬樅撰《續經解毛詩類彙編・三家詩遺說考》（臺北：藝文印書館，1986 年）。

31. 〔清〕陳喬樅撰《續經解毛詩類彙編・詩經四家異文考》（臺北：藝文印書館，1986 年）。

32. 〔清〕王先謙撰《詩三家義集疏》（臺北：明文書局，1988 年）。

乙、今人著作

1. 洪湛侯著《詩經學史》（北京：中華書局，2004 年）。

2. 戴維著《詩經研究史》（長沙：湖南教育出版社，2001 年）。

3. 黃懷信著《上海博物館藏戰國楚竹書詩論解義》（北京：社會科學文獻出版社，2004 年）。

4. 張建軍著《詩經與周文化考論》（濟南：山東齊魯書社，2004 年）。

5. 李山著《詩經的文化精神》（北京：東方出版社，1997 年）。

6. 向熹著《詩經語文論集》（成都：四川民族出版社，2002 年）。

7. 于省吾著《澤螺居詩經新證・澤螺居楚辭新證》（北京：中華書局，2003 年）。

8. 王力著《詩經韻讀楚辭韻讀》（北京：中國人民大學出版社，2004 年）。

9. 文幸福著《詩經毛傳鄭箋辨異》（臺北：文史哲出版社，1989 年）。

10. 洪國樑著《詩經訓詁之亦通問題》（臺北：學海出版社，1995 年）。

11. 陳溫菊著《詩經器物考釋》（臺北：文津出版社，2001 年）。

12. 高亨撰《詩經今注》（臺北：漢京文化公司，1984年）。

13. 陳子展撰《詩三百解題》（上海：復旦大學出版社，2001年）。

14. 陳子展撰《詩經直解》（臺北：書林出版公司，1992年）。

15. 余培林撰《詩經正詁》（臺北：三民書局，1993年）。

16. 季旭昇撰《詩經古義新證》（北京：學苑出版社，2001年）。

17. 林義光註解《詩經通義》（臺北：臺灣中華書局，1971年）。

18. 劉龍勳編《一九七七年以來新出土彝銘與詩經相關詞彙便檢》（臺北：大安出版社，2001年）。

19. 屈萬里著《詩經詮釋》（臺北：聯經出版社，2000年）。

20. 程俊英著《詩經譯注》（上海：上海古籍出版社，2004年）。

21. 黃忠慎著《惠周惕詩說析評》（臺北：文史哲出版社，1994年）。

22. 楊合鳴著《詩經疑難詞語辨析》（武漢：崇文書局，2003年）。

C、其他著作

甲、古籍著作

1. 〔漢〕司馬遷撰《史記》（臺北：臺灣商務印書館，百衲本廿四史，2001年）。

2. 〔漢〕班固撰《漢書》（臺北：臺灣商務印書館，百衲本廿四史，1996年）。

3. 〔晉〕孔晁注《逸周書》（臺北：臺灣中華書局，1966年）。

4. 〔宋〕范曄撰《後漢書》（臺北：臺灣商務印書館，百衲本廿四史，2000年）。

5. 〔梁〕蕭統編、李善注《文選李善注》（臺北：臺灣中華書局，1970年）。

6. 〔梁〕顧野王編撰《原本玉篇殘卷》（北京：中華書局，2004年）。

7. 〔北齊〕顏之推撰、王利器集解《顏氏家訓集解》（臺北：明文書局，1984年）。

8. 〔唐〕陸德明撰、納蘭成德校訂《經典釋文》（臺北：藝文印書館館，影印四庫善本叢書）。

9. 〔宋〕蔡沈著《書經集註》（臺北：新陸書局，1996年）。

10. 〔清〕臧琳撰《皇清經解諸經總義類彙編·經義雜記》（臺北：藝文印書館，1986年）。

11. 〔清〕惠棟撰《皇清經解諸經總義類彙編·九經古義》（臺北：藝文印書館，1986年）。

12. 〔清〕莊存與撰《味經齋遺書》（清光緒八年陽湖莊氏刊本）。

13. 〔清〕盧文弨撰《經典釋文考證》（臺北：新文豐公司，1984年）。

14. 〔清〕許慎撰、段玉裁注《說文解字注》（臺北：洪葉出版公司，1999 年）。

15. 〔清〕段玉裁撰《段玉裁遺書》（臺北：大化書局，1977 年）。

16. 〔清〕孫星衍撰《尚書今古文注疏》（臺北：臺灣中華書局，1988 年）。

17. 〔清〕武億撰《皇清經解諸經總義類彙編・經讀考異》（臺北：藝文印書館，1986 年）。

18. 〔清〕朱駿聲撰《說文通訓定聲》（北京：中華書局，1998 年）。

19. 〔清〕王筠撰《說文句讀》（上海：上海古籍出版社，1983 年）。

20. 〔清〕惲敬撰《大雲山房集》（臺北：世界書局，1984 年）。

21. 〔清〕阮元校勘《十三經注疏附校勘記》（臺北：大化書局，1989 年）。

22. 〔清〕阮元撰《揅經室集》（臺北：世界書局 1982 年）。

23. 〔清〕阮元等撰《經籍纂詁》（臺北：鳴宇出版社，1979 年）。

24. 〔清〕阮元著《積古齋鐘鼎彝器款識》（臺北：藝文印書館，1970 年）。

25. 〔清〕孔廣森撰《皇清經解諸經總義類彙編・經學卮言》（臺北：藝文印書館。

26. 〔清〕臧庸撰《皇清經解諸經總義類彙編・拜經日記》（臺北：藝文印書館，1986 年）。

27. 〔清〕臧庸撰《皇清經解諸經總義類彙編・拜經文集》（臺北：藝文印書館，1986 年）。

28. 〔清〕王引之撰《皇清經解諸經總義類彙編・經義述聞》（臺北：藝文印書館，1986 年）。

29. 〔清〕王引之撰《皇清經解諸經總義類彙編・經傳釋詞》（臺北：藝文印書館，1986 年）。

30. 〔清〕劉逢祿撰《劉禮部集》（清道光十年劉氏思誤齋刊本）。

31. 〔清〕宋翔鳳輯《浮谿精舍叢書》（臺北聖環圖書公司，1998 年）。

32. 〔清〕劉心源撰《奇觚室吉金文述》（臺北：藝文印書館，1971 年）。

33. 〔清〕李慈銘撰《越縵堂讀書記》（臺北：世界書局，1961 年）。

34. 〔清〕孫詒讓撰《籀膏述林》（臺北：廣文書局，1971 年）。

乙、今人著作

1. 徐世昌主編《清儒學案》（臺北：世界書局，1979 年）。

2. 梁啓超著《中國近三百年學術史》（臺北：華正書局，1994 年）。

3. 梁啓超著《清代學術概論》（北京：中國人民大學出版社，2004 年）。

4. 錢穆著《中國近三百年學術史》（北京：商務印書館，1997 年）。

5. 蕭一山著《清代通史》（臺北：臺灣商務印書館館，1980 年）。

6. 楊晉龍主編《清代揚州學術》（臺北：中央研究院文哲所，2005 年）。

7. 祈龍威、林慶彰主編《清代揚州學術》（臺北：臺灣學生書局，2001 年）。

8. 劉兆璸著《清代科舉》（臺北：東大圖書公司，1979 年）。

9. 陳祖武、朱彤窗著《乾嘉學術編年》（石家莊：河北人民出版社，2005 年）。

10. 皮錫瑞撰、周予同注《經學歷史》（臺北：漢京文化公司，1983 年）。

11. 支偉成著《清代樸學大師列傳》（臺北：明文書局，1985 年）。

12. 林慶彰、張壽安主編《乾嘉學者的義理學》（臺北：中央研究院文哲所，2003 年）。

13. 楊旭輝著《清代經學與文學——以常州文人群體爲典範的研究》（南京：鳳凰出版社，2006 年）。

14. 彭林主編《清代學術講論》（桂林：廣西師範大學出版社，2005 年）。

15. 美·愛爾曼著、趙剛譯《經學、政治和宗族——中華帝國晚期常州今文學派研究》（南京：江蘇人民出版社，2005 年）。

16. 陳祖武、朱彤窗著《乾嘉學派研究》（石家莊：河北人民出版社，2005 年）。

17. 李衡眉著《論昭穆制度》（臺北：文津出版社，1992 年）。

18. 莊雅州著《夏小正析論》（臺北：文史哲出版社，1985 年）。

19. 張一兵著《明堂制度研究》（北京：中華書局，2005 年）。

20. 錢玄著《三禮通論》（南京：南京師範大學出版社，1996 年）。

21. 楊朝明著《周公事跡研究》（鄭州：中州古籍出版社，2002 年）。

22. 王逸明著《新編清人年譜稿三種——武進莊存與莊述祖年譜稿》（北京：學苑出版社，2000 年）。

23. 湯志鈞著《莊存與年譜》（臺北：臺灣學生書局，2000 年）。

24. 張廣慶著《武進劉逢祿年譜》（臺北：臺灣學生書局，1997 年）。

25. 裴學海著《古書虛字集釋》（臺北：泰盛書局，1977 年）。

26. 許倬雲著《西周史》（臺北：聯經出版公司，1990 年）。

27. 屈萬里著《尚書集釋》（臺北：聯經出版社，2001 年）。

28. 邱衍文著《中國上古禮制考辨》（臺北：文津出版社，1992 年）。

29. 張鶴泉著《周代祭祀研究》（臺北：文津出版社，1993 年）。

30. 常金倉著《周代禮俗研究》（臺北：文津出版社，1993 年）。

31. 鄒昌林著《中國古禮研究》（臺北：文津出版社， 1992 年）。

32. 黃彰健著《周公孔子研究》（臺北：中央研究院史語所，1997 年）。

33. 程千帆、徐有富著《校讎廣義——校勘編》（濟南：山東齊魯書社，2005 年）。

34. 倪其心著《校勘學大綱》（北京大學出版社，2004 年）。

35. 陳垣著《校勘學釋例》（北京：中華書局，2004 年）。

36. 劉源著《商周祭祖禮研究》（北京：商務印書館，2004 年）。

37. 黃焯彙校《經典釋文彙校》（北京：中華書局，2006 年）。

38. 王國維撰《海寧王靜安先生遺書》（臺北：臺灣商務印書館，1979 年）。

39. 《殷周金文集成》（北京：中華書局，1984～1994 年）。

40. 李圃主編《古文字詁林》（上海：上海教育出版社，2004 年）。

41. 周法高主編《金文詁林》（香港：中文大學，1975 年）。

42. 中國社會科學院考古研究所編《甲骨文編》（北京：中華書局，1965 年）。

43. 容庚主編《金文編》（北京：中華書局，1989 年）。

44. 吳良寶編《先秦貨幣文字編》（福州：福建人民出版社，2006 年）。

45. 湯餘惠編《戰國文字編》（福州：福建人民出版社，2001 年）。

46. 張守中編《中山王　器文字編》（北京：中華書局，1981 年）。

47. 李守奎編《楚文字編》（上海：華東師範大學出版社，2003 年）。

48. 張守中編《睡虎地秦簡文字編》（北京：文物出版社，1994 年）。

49. 陳松長編《馬王堆簡帛文字編》（北京：文物出版社，2001 年）。

50. 高明編《古陶文彙編》（北京：中華書局，1990 年）。

51. 馬無咎編《漢石經集存》（臺北：藝文印書館，1976 年）。

52. 商承祚撰《說文中之古文考》（臺北：學海出版社，1979 年）。

53. 羅振玉撰《殷虛書契考釋》（臺北：藝文印書館，1969 年）。

54. 李孝定撰《甲骨文字集釋》（臺北：中央研究院歷史語言研究所，1970 年）。

55. 李孝定撰《金文詁林讀後記》（臺北：：中央研究院歷史語言研究所，1982 年）。

56. 于省吾撰《甲骨文字釋林》（臺北：大通書局，1981 年）。

57. 于省吾撰《殷契駢枝全編》（臺北：藝文印書館，1975 年）。

58. 高田忠周撰《古籀篇》（臺北：宏業出版社，1975 年）。

59. 朱芳圃著《殷周文字釋叢》（臺北：臺灣學生書局，1972 年）。

60. 馬敘倫撰《說文解字六書疏證》（臺北：鼎文書局，1975 年）。

61. 郭沫若撰《郭沫若全集》（北京：科學出版社，2002 年）。

62. 楊樹達撰《積微居金文說‧甲文說》（臺北：大通書局，1974 年）。

63. 楊樹達撰《積微居小學述林‧耐林廎甲文說》（臺北：大通書局，1971 年）。

64. 高鴻縉著《中國字例》（臺北：三民書局，1981 年）。

65. 李學勤審訂《商周古文字讀本》（北京：語文出版社，1989 年）。

66. 王輝撰《古文字通假釋例》（臺北：藝文印書館，1993 年）。

67. 王章濤著《阮元年譜》（安徽黃山書社，2003 年）。

68. 季旭昇撰《說文新證》（臺北：藝文印書館館，2004 年）。

69. 戴家祥主編《金文大字典》（上海：學林出版社，1995 年）。

70. 徐中舒撰《甲骨文字典》（成都：四川辭書出版社，1988 年）。

71. 《定州漢墓竹簡論語》（北京：文物出版社，1997 年）。

72. 唐蘭著《殷虛文字記》（北京：中華書局，1981 年）。

73. 《中國文字》（臺北：臺灣大學古文字學研究室，1974 年）。

74. 何琳儀撰《戰國文字通論》（北京：中華書局，1989 年）。

75. 丁山撰《甲骨文所見氏族及其制度》（臺北：大通書局，1971 年）。

76. 張政烺撰《張政烺文史論集》（北京：中華書局，2004 年）。

D、論文期刊

甲、學位論文

1. 蔡長林撰《常州莊氏學術新論》（臺灣大學中國文學研究所博士論文，1999年）。

2. 楊晉龍撰《明代詩經學研究》（臺灣大學中國文學研究所博士論文，1997年）。

3. 黃順益撰《惠棟、戴震與乾嘉學術研究》（中山大學中國文學系博士論文，1999 年）。

4. 江素卿撰《論常州學派之學術特質與其經世思想》（高雄師範大學國文學系碩士論文，1996 年）。

5. 陳國安撰《清初詩經學研究》（蘇州大學碩士論文，2003 年）。

6. 易衛華撰《詩經祭祀詩研究》（河北師範大學碩士論文，2003 年）。

7. 陸銀湘撰《詩經頌詩的研究》（暨南大學碩士論文，2002 年）。

乙、期刊論文

1. 張樹國、梁愛東撰〈大武樂章與三象考辨〉（漳州師範學院學報 2005 年第 1 期）。

2. 小鷗撰〈周頌大武諸篇樂章繹釋〉（古籍整理研究學刊，2001 年第 3 期）。

3. 張樹波撰〈詩經異文產生繁衍原因初探〉（河北師範大學學報，1995 年第18 卷第 4 期）。

4. 張樹波撰〈詩經異文簡論〉（文學遺產 1994 年第 5 期）。

5. 吳澤、陳鵬鳴〈常州學派史學思想研究〉（華東師範大學學報，1995 年第3 期）。

6. 蔡長林撰〈清代今文學發展的兩條路向〉（經學研究叢刊第 1 輯，聖環圖書公司，1994 年）。

7. 周元彪撰〈清代詩經研究觀的嬗變与毛詩學派的詩經研究〉（江西社會科學 1998 年第 4 期）。

8. 嚴國榮撰〈驪虞考辨〉（西北大學學報 2001 年第 34 卷第 4 期）。

9. 王平撰〈上海博物館藏戰國楚竹書緇衣引詩異文考〉（華東師範大學學報，2003 年第 35 卷第 4 期）。

10. 李玉輝撰〈毛詩多假借現象及其形式〉（河池師專學報 1994 年第 2 期）。

11. 祝秀權撰〈從詩經周頌看周人的祖先崇拜意識〉（淮北煤炭師範學院學報 2003 年第 24 卷第 1 期）。

12. 夏含夷撰〈從西周禮制改革看詩經周頌的演變〉（河北師院學報，1996 年第 3 期）。

13. 郭全芝撰〈清代樸學家的詩疏困境〉（江淮論壇，2003 年第 5 期）。

14. 李樹軍撰〈試論詩經周頌中的祖先崇拜〉（中共桂林市委黨校學報 2004 年第 4 卷第 4 期）。

15. 滕志賢撰〈試論陳奐對毛詩的校勘〉（南京高師學報，1995 年第 11 卷第 2 期）。

16. 王瑩撰〈詩經周頌之復功用性〉（遼寧師範大學學報，2000 年第 23 卷第 2 期）。

17. 姜文舉撰〈讀詩經・周頌・噫嘻篇〉（白城師範學院學報，2004 年第 18 卷第 2 期）。

18. 鐘玉發撰〈阮元與清代今文學〉（史學月刊，2004 年第 9 期）。

19. 湯仁澤撰〈常州人文初探〉（史林 2000 期第 2 期）。

20. 時建國撰〈清代小學的發展和成就〉（圖書與情報，1998 年第 2 期）。

21. 丁原明撰〈清代今文經學淺論〉（山東社會科學，1995 年第 6 期）。

22. 湯仁澤撰〈論常州學派興起的社會條件〉（史林 1999 年第 4 期）。